LONDON RHAPSODY

4

この本を亡き両親の矢嶋秀雄、富枝、そして妻の茂代に捧げます。

CONTENTS

8 London is...

24 To Lovely Day.

50 Youthfulness.

72 Cool And Gentle.

96 Let It Rock.

128 RHAPSODY with Music Lovers

130 **Paul McCartney**
ポール・マッカートニーの光と影

136 **Jeff Beck**
ジェフ・ベックのホット・ロッドな田園生活

140 **Sex Pistols**
ジョニー・ロットンにツバをかけられた！

144 **The Damned**
忘れられない76年のパンク・フェスティバル

148 **The Clash**
ザ・クラッシュがあの名盤を生んだ瞬間

152 **Bob Marley**
マイ・ブラザー、ボブ・マーリィ

156 **Paul Weller**
ポール・ウェラーのファッション談義

160 **Stray Cats**
オフィスの床に寝ていた " 迷い猫たち "

166 **Black Sabbath**
オジー・オズボーンのビル・ワード髭焼き事件

170 **Ritchie Blackmore**
リッチー・ブラックモアのサイキック・リサーチ

174 **Eric Clapton**
エリック・クラプトンが真にリラックスした瞬間

178 **SADE**
シャーデーとの甘美なひと時

180 **Iggy Pop**
イギー・ポップの雄弁なる日本食トーク

184 **Robert Fripp**
ロバート・フリップが放った沈黙の空気

188 **Roger Dean**
イエスで著名な幻想画家、ロジャー・ディーンの仕事場

CROSS TALK

192 **小山田圭吾 × トシ矢嶋**

COLUMN

114 すべては加藤和彦さんから始まった

164 WORKS

196 SOUNDTRACK of This Photobook

Dexys Midnight Runners —— *1982.*

London is...

1980年3月15日に公開されたセックス・ピストルズの映画『ザ・グレイト・ロックンロール・スウィンドル』の広告。フラットの壁を宣伝に使ってしまうあたり、マルコム・マクラーレンのセンスがにじみ出ている。上のほうに小さく書いてある謳い文句は、"Don't Look Back On「Grease」, Look Forward To ……"。さすが、実に洒脱だ。 *1980.*

セックス・ピストルズ。シド・ヴィシャスが加入
する前、まだ共同生活をしていた時のアパート
にて。衣装や道具が散らかりに散らかっていた。
10th February 1977. 6 Denmark Street WC2.

ネオ・モッズ・ムーブメントが起きた79年頃。
週末になると各地から若者がカーナビー・
ストリートにやってくる。
1979. Carnaby Street W1.

ザ・フーを背中に刻み、モッズ・パーカーを
まとってヴェスパに乗る若者。ヘルメットに
はユニオンジャックが堂々と。
1979. near Piccadilly Circus W1.

デビューから1年後、飛ぶ鳥を落とす勢いで突き進むザ・ジャムをとらえた。キャパ約3000人のライシアム劇場は満杯だ。*18th June 1978. Lyceum Strand WC2.*

トレイシー・ソーンが大学時代の仲間と始めたバンド、マリン・ガールズ。エヴリシング・バット・ザ・ガールを結成する前で、まだあどけなさが残る。
around 1983. ICA.

ロンドン・カルチャーの中心地、キングス・ロードにて。ポール・ウェラー、エルヴィス・コステロ、マッドネス、スペシャルズらが常連の名店 "Johnson's" の前を老人が過ぎ去る。
1977. King's Road SW6.

カルチャー・クラブで知られる前のボーイ・ジョージ。この頃は"ジョージ・ジュダッド"の名でDJをしたり、トレンディなクラブの入口で服装チェックの担当をしたりしていた。1978.

To Lovely Day.

Jeff Beck——*18th September 1978. Wadhurst, East Sussex.*

鮮やかな水仙に和むケイト・ブッシュ。EMI本社があるマンチェスター・スクウェアの小公園にて。
20th April 1978. EMI, Manchester Square W1.

前頁のケイトに会う当日、地下鉄ホーランド・パーク駅に向かっていた時のこと。近所に住むスティーヴ・ハケット（ジェネシス）に偶然出くわした。
20th April 1978. Princedale Road, W11.

ロンドン郊外のクリスタル・パレス野外会場にて、旧友のエリック・クラプトンを激励に駆けつけたロン・ウッド。
31st July 1976. Crystal Palace Park, Sydenham.

エルヴィス・コステロのデビュー作『My Aim Is True』をプロデュースし、その記念野外コンサートのステージ裏でおどけるニック・ロウ。
10th September 1977. Crystal Palace Park, Sydenham.

スタイル・カウンシルのデビュー作の曲を聴かせるよと言われ、ポール・ウェラーが所有するソリッド・ボンド・スタジオへ行った際に撮影。ネオ・モッズからいきなりフレンチルックへ、実にスマートだ。
September 1983. Stanhope Place W2.

ポール・ウェラーが珍しくファニーな顔でレンズに目を向ける。ザ・ジャム時代の彼が好んで吸っていたのはロスマンズ・キング・サイズだ。英国カラーである濃紺のパッケージがとても好きだった。
March 1981.

日差しの強い7月、グラハム・パーカーが林檎をほおばる。イギリスの林檎は固くて甘くないからアップル・パイに最適だが、彼のように小腹を満たすためにかぶりつく光景は町じゅうで見られた。
17th July 1977. Stiff Records, 32 Alexander Street W2.

長いツアーを終え、実家・アイルランドのコークに戻っているロリー・ギャラガーを訪ねた。憧れのヒーローもさすがに実家は心休まるようだ。
12th August 1977. Cork, Ireland.

イギリス中西部の田園風景豊かな土地、シュルーズベリーで家族暮らしを満喫しているというロニー・レーン宅へ。フェイセズ時代から愛用しているトニー・ゼマイティス製作のギターを納屋にずらっと並べてくれた。
August 1977. Shrewsbury.

ロニー・レーン、愛すべき家族と。
馬も一緒だ。77年の夏の日だった。
August 1977. Shrewsbury.

音楽プロデューサー、クリス・トーマスのツテで、偉大なるジョージ・マーティンと会えた。それも、彼が所有するカントリー・ハウスでだ。帰りは英国を代表する愛車ブリストルで駅まで送ってくれた。
6th October 1978. Coleshill Swindon, Wiltshire.

プログレッシブ・ロック界の名ドラマー、ビル・ブラッフォードの車はBMWだった。
この車、なんとジョージ・ハリスンから譲ってもらったという。
23rd March 1979. Polydor Records Sussex Place, Hammersmith W6.

43

ジェネシスのスティーヴ・ハケットと愛用のギターたち。楽屋で連絡先を交換した際、近所だとわかり、彼から午後のお茶に誘われた。
21st March 1978.

11月下旬で早くも雪。この日、ちょうど20歳頃のU2に出会った。あどけなさはあったが、ボノの鋭い目が今でも忘れられない。
28th November 1980. Orme Squuare, W2.

チューダー様式の建物が美しい百貨店、リバティ・ロンドン。クリスマスの飾りをまとい、お店も人も幸せそうだ。 *December 1976. Great Marlborough Street London W1.*

Youthfulness.

Madness — *December 1979. Camden Town NW1.*

1920年代からあるハマースミス・パレーにて、2トーン・スカ・ムーブメントに沸く観衆。その中にかわいらしい少年たちを見つけた。
1979. Hammersmith Palais, 242 Shepherds Bush Road W6.

20歳頃の若きブライアン・セッツァー。ロンドンに来てから彫ってもらった
という左腕のタイガー・タトゥーを自慢げに見せつける。 *March 1980.*

ネオ・スカの代表格、スペシャルズ。地元コベントリーのホライズン・スタジオでのレコーディング中にお邪魔した時の1枚。この時に録音していたものはのちに『More Specials』として発表された。
23rd May 1980. Horizon Studio, Coventry.

ポートベロの骨董市で私が見つけたロンドン地下鉄
車内用"禁煙サイン・ボード"を持つボブ・マーリィ。
7th July 1978. Rotterdam Holland.

前頁の禁煙サイン・ボードを無視して、太巻きのガンジャでリラックス。わかっているけど止められない。ノー・プロブレム、ここは解禁国オランダだ。
7th July 1978. Rotterdam Holland.

ボブと初代ウェイラーズを結成したピーター・トッシュ。
ロンドン公演前のホテルですでにストーン状態だ。部
屋は煙で霧がかかったようだった。
10th December 1978. Holiday Inn Swiss Cottage NW3.
room no.435.

スペシャルズのテリー・ホール。リード・ボーカリストは
やはり一番スタイリッシュだ。
23rd May 1980. Horizon Studio, Coventry.

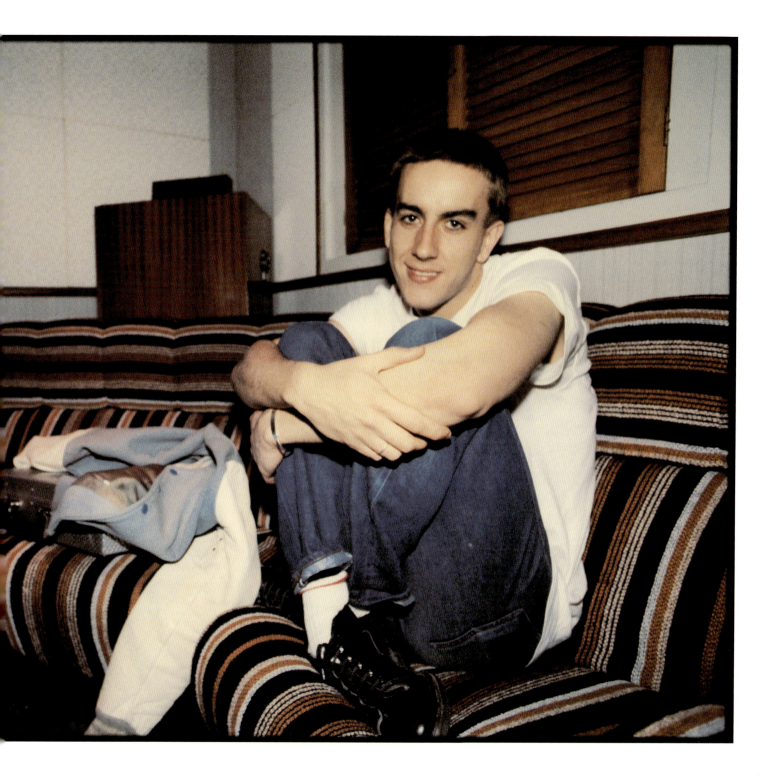

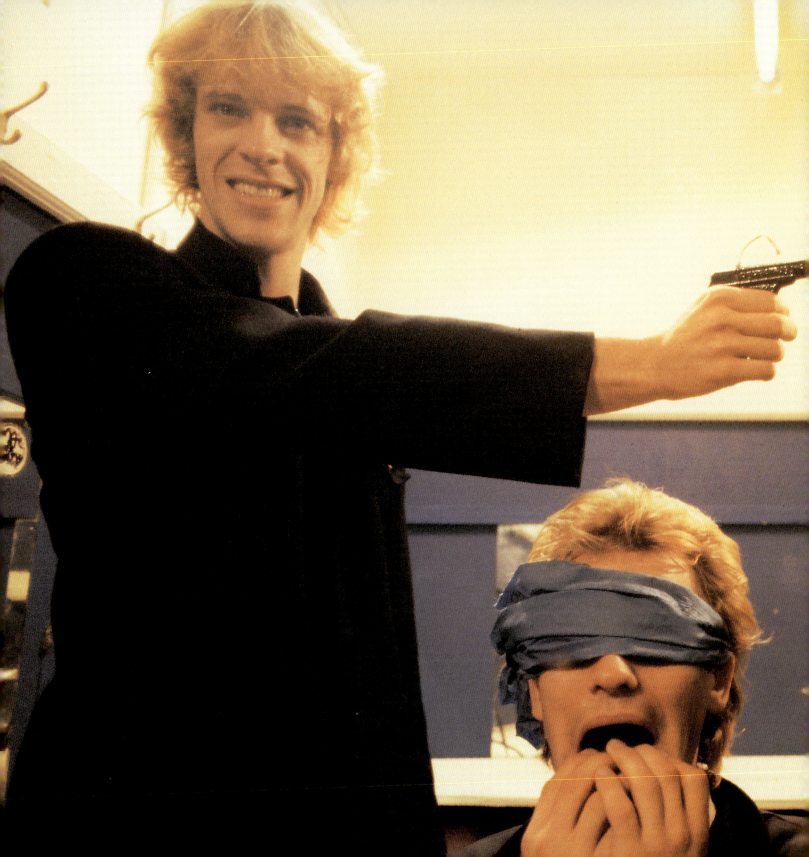

ジョニー・ロットンの鋭い眼光にはモノクロがよく似合う。 *10th February 1977.*

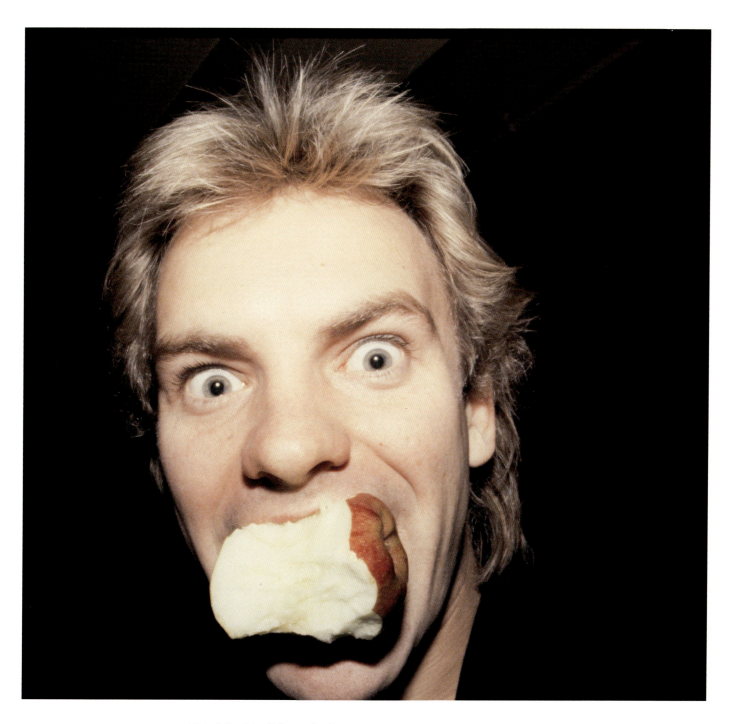

イギリス仕様の小さい林檎にかぶりつくスティング。　*10th June 1979. Lyceum Strand WC2.*

ミック・カーンの愛車前でジャパンのメンバーたちを撮影。この夜、
彼らはブルー・オイスター・カルトの前座としてキャパ約4000の
ハマースミス・オデオンに立ったが、ほとんどの客は見向きもせず。
ロンドン在住の日本女子だけが真剣な眼で見つめていた。
3rd May 1978. Queen Caroline Street W6.

70　ファッション・ブランド、フィオルッチの前をおばあさんが過ぎ去る。若者文化の中心地であるキングス・ロードの変化していく姿を、彼女はどんな気持ちで見つめていたのだろう。

1976. FIORUCCI, King's Road, Chelsea SW6.

Cool
And
Gentle.

Keith Richards —— *21st August 1976. Knebworth Park, Hertfordshire.*

ブライアン・フェリー（ロキシー・ミュージック）。愛用のタバコ、ダンヒル・インターナショナルをおいしそうに嗜みながら、自身のアルバムを眺めてご満悦だ。そういえばこの時、私が着ていたコム・デ・ギャルソンの薄手のジャケットをほめてくれた。さすがはブリティッシュ・ダンディ。July 1980.

私は鏡に映るミュージシャンを撮るのが好きだった。ブライアン・セッツァーが
自身でデッサンしたという右腕の女の子は、NYの彫り師によるもの。1980.

本番直前のポール・ウェラー。真剣な眼差しで鏡に見入る。
4th November 1980. Leeds Queens Hall.

シン・リジィのブラック・アイリッシュ、フィル・リノット。メンバーの中で一番身だしなみに気を使うナイス・ガイだ。
April 1979.

ハンサムな笑顔が素敵なロバート・パーマー。誰もが憧れるロックの殿堂、ハマースミス・オデオンを満杯にする人気ぶりだった。
12th August 1978.

待ち合わせ場所のバーにあったジューク・ボックスに向かい、真剣な眼差しでアル・グリーンの「Take Me To The River」を探すデヴィッド・バーン（トーキング・ヘッズ）。
July 1978.

フォト・スタジオにて、モリッシーを多重露光で撮影。本人はこの日に撮ったカットを気に入り、イギリスで出版されたザ・スミスの写真集にも使われた。 1985.

スクリッティ・ポリッティのグリーン・ガートサイド。資生堂の小冊子『花椿』にロンドン音楽情報を連載していた際、編集長がこのカットを気に入ってくれた。 *1985.*

トレイシー・ソーン（エヴリシング・バット・ザ・ガール）。短髪を逆立てた派手なスタイルだが、どこかアンニュイなムードが漂う。 1984.

美しいシャーデー。ロンドンのスタジオで撮影した。彼女と
の出会いは私の人生でもとても大きな出来事だった。 *1984.*

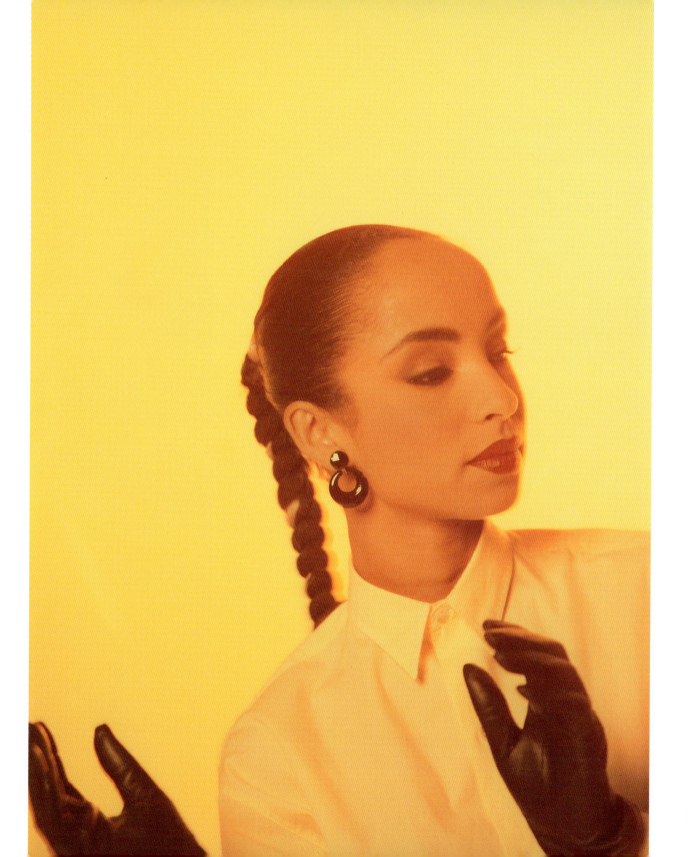

ロバート・フリップのソロ作『God Save The Queen/Under Heavy Manners』の試聴会に行った。いの一番に到着した私の前で、なぜか人参を手にフードと対峙していた。
25th April 1979. Polydor Records.

ヴァーナ・リント。元スウェーデン秘密諜報部秘書の肩書きを持つことで話題の彼女がイギリス・デビュー。当時私が担当していた『高橋幸宏のオールナイトニッポン』のコーナーで彼女を取り上げた。 1984. Albert Bridge SW3.

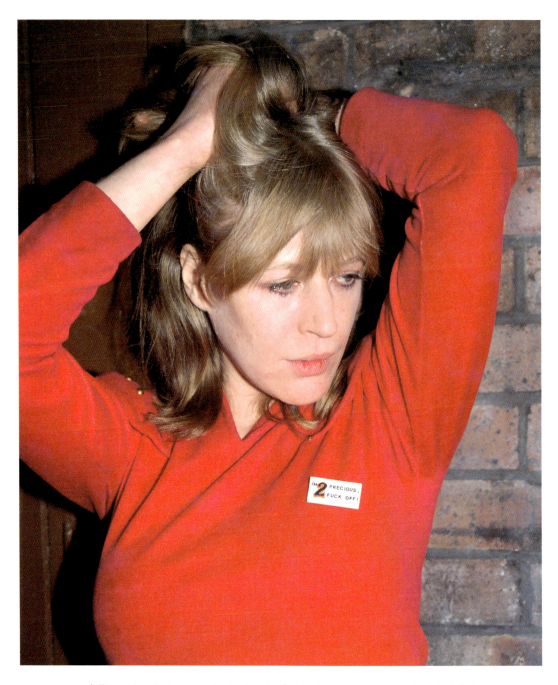

60年代のトップ・アイドル、マリアンヌ・フェイスフル。胸のバッジには"I'm 2 precious, fuck off!"とある。
October 1979. Island Records, St. Peter's Square W6.

ポスト・パンクの第一人者となってシーンを動かして来た才女、スージー・スー（スージー&ザ・バンシーズ）。もとはピストルズの親衛隊だった。 *August 1980.*

Let It Rock.

セックス・ピストルズ。ジョニー・ロットンとシド・ヴィシャ
スめがけてファンがツバを吐きかけまくる。もちろん、ス
テージ前にいた私もその被害を受けることに。
18th December 1977. Lafayette Club, Birmingham.

クイーンは73年、1stアルバムが出た時にマーキー・クラブで観た。写真は全盛期の77年。上写真がブライアン・メイ、右頁がブライアンとフレディだ。初めて観た時もこのふたりに圧倒されたが、周りにいたモデルたちはドラムのロジャー・テイラーがお気に入りだと言っていた。
6th June 1977. Earls Court Exhibition Centre SW5.

ポール・ウェラー。サウンド・チェック時、本番に備えバンドエイドを入念に貼る。リッケンバッカー330はこの時で5台目だと言っていた。
4th November 1980. Leeds Queens Hall.

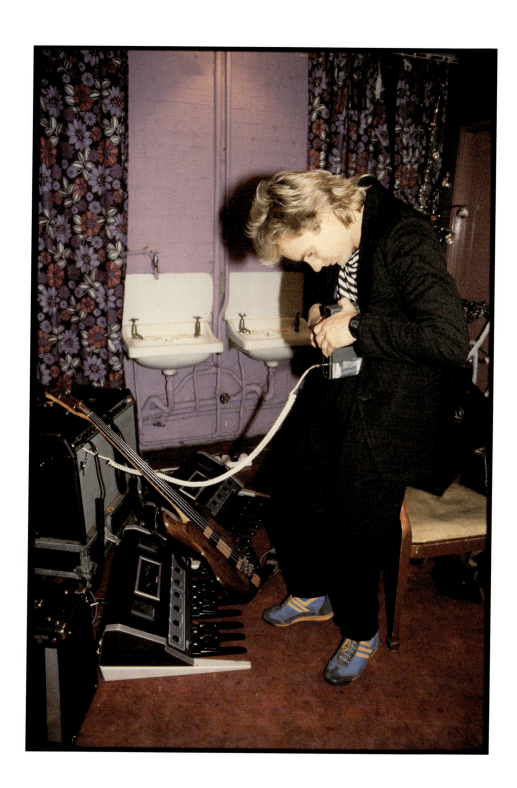

楽屋で真剣にエフェクターを調整していたスティング。雑談で"君のあだ名の「スティンゴ」って何?"と聞くと、"「元気」とか「エネルギッシュ」で僕らしいから"だと。
10th June 1979. Lyceum Strand WC2.

ロリー・ギャラガー。彼のトレードマークといったら、塗装の剥げたストラトキャスターにチェックのシャツ、そしてデニム・ジャケットとジーンズ……いや、アイリッシュ魂を全開するこの躍動感だろう。
11th October 1976. Hammersmith Odeon W6.

アルバム『This Year's Model』の頃に撮影したエルヴィス・コステロ。突然、私の前でしゃがみ込んだ。
20th December 1978. Dominion Theatre W1.

デヴィッド・ボウイは作品を発表するたびにイメージを変える。まさに変幻自在な人だ。リンゼイ・ケンプのパントマイム・スクールに通っていたこともあり、ステージ構成も毎回魅せられてしまう。
6th May 1976. Wembley Empire Pool／30th June 1978. Earls Court Exhibition Centre.

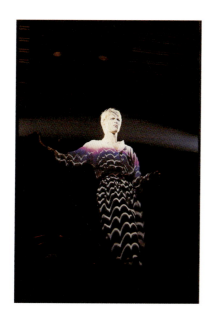

シアトリカルな演出をするようになった時期のキンクス。キンクス信者以外には理解されにくいと思われていたが、当時の大学生たちには大受けだった。
24th May 1975. Brunel University, Uxbridge.

お尻に囲まれるセンセーショナル・アレックス・ハーヴェイ・バンド。まるで日本のドリフターズを連想してしまうようなユーモアのセンスとウィットに富んだステージだった。
23rd December 1975. New Victoria Theatre SW1.

ロンドンに住み始めた74年頃、ラジオからよく流れていたのがクラフトワークの「アウトバーン」だった。彼らは、のちにYMOが頂点を極めるテクノ・ポップの原点だ。80年代のニュー・ロマンティック・ムーブメントや、ヒップ・ポップへも多大なる影響を与えた。
1981. The Venue, Victoria SW1.

フロリダ出身のジャコ・パストリアスはまるで太陽のよ
うに明るい人だった。ステージ下でカメラを構えていた
私に" Hey, Toshi watch this！"のサインをくれた。
12th October 1978. Hammersmith Odeon W6.

COLUMN

すべては加藤和彦さんから始まった

加藤和彦さんとのツー・ショット。　*1975. EMI Harvest Office. Photo by Yoshikazu Yajima*

加藤和彦さんは、私のロンドン移住を後押ししてくれた大恩人だ。彼との出会いは、私の人生を大きく左右するターニング・ポイントだった。

最初の出会いは71年頃、青山にあった深夜営業スーパーマーケット"ユアーズ"でのこと。渡英の資金を貯めるため、1968年から私はここでバイトしていた。ユアーズというお店は、当時まだ珍しかった高級な輸入食料／雑貨を豊富に取り揃え、数々の著名人が通ったことで知られる。渥美清さん、大原麗子さん、長嶋茂雄さんといったスターをよく見かけたものだ。その中でも加藤和彦＆ミカ元夫妻は、常連客としてよく利用して頂いた。ちなみに当時のサディスティック・ミカ・バンドのメンバー、つのだひろと高中正義も近所に住んでおり、夜中によく酔っ払って遊びに来ていた。

ユアーズでの私の仕事は、ご晶屓（ひいき）にしている常連さんの接客。加藤さんがお店へやってくると、一緒に商品棚の並んだフロアを歩き、いろいろな商品を選んでいく。その時はあくまでお客さんと店員の関係で、"実はロンドンへ行きたいんです"ということぐらいは話したと思うが、ある程度の距離は置いていたように思う。

しかし、私が定期購読していたイギリス屈指の音楽紙、『New Musical Express（NME）』でミカバンドのデビュー作が評論されているのを発見し、本人に見せた時から関係性は一気に深くなる。この出来事がきっかけで、名盤『黒船』を英国の名プロデューサー、クリス・トーマスが担当することになったのだ。クリスといえばビートルズの『ホワイト・アルバム』のアシスタント・プロデューサーを務め、その後ピンク・フロイドやセックス・ピストルズ、ロキシー・ミュージックなどを手がけた大物。加藤さんはそんな人が『黒船』を担当することになり、大喜びしていた。

これ以来、白金にあった加藤さんのご自宅へ遊びに行く仲になり、そこでいろいろな話を聞いた。好きな料理の話（実際に本格インド・カレーを頂いたが絶品！）、ファッションの話、英国音楽の話……。そして何より、頻繁に渡英していた加藤さんから聞くリアルなロンドンの情景。それは私の渡英への気持ちを無性にかき立ててくれるものだった。

そして72年、私は初めて英国を旅行。この時もいろんなオススメのお店や名所を加藤さんから教えてもらった。それをメモした地図の一部がカバー裏に印刷されているので、気になる人は見てほしい。翌73年に再度渡英したのち、75年、3度目の正直で私は移住を決断した。これも加藤さんの後押しがあったおかげだ。

その後、現地で写真家としての活動を始める際も、彼がクリス・トーマスを紹介してくれ、クリスのツテでいろんなミュージシャンを撮影する機会に恵まれた。惜しくも2009年に亡くなってしまったが、私がロンドンで写真家として生活できるようになったのは、加藤さんのおかげだ。心から感謝の気持ちを伝えたい。加藤さん、本当にありがとうございました。

サディスティック・ミカ・バンド『黒船』のプロモーションのため、ロンドンへやってきた加藤和彦さんとミカさん。EMI本社にて。右奥に見える小公園はケイト・ブッシュ（P28）を撮影したところだ。
1975. EMI, Manchester Square W1.

加藤和彦さんと作詞家・安井かずみ夫妻。
六本木にあった自宅にて談笑する。なん
てことはない日常的な景色なのに、この
ふたりはとっても絵になる。
1978. Roppongi.

YMO初のロンドン公演にて、サポート・メンバーの矢野顕子と一緒に談笑。
16th October 1980. Dressing room at Hammersmith Odeon W6.

音楽紙に載ったYMOワールドツアーの広告にサインを入れる
坂本龍一。彼は左利きだ。
16th October 1980. Dressing room at Hammersmith Odeon W6.

矢野顕子。ポスターに写るYMOメンバーの顔にいたずら書きをし、満面の笑みで破ろうとしている。
13th October 1980. Outside Apollo Theatre, Manchester.

高橋幸宏のロンドン・レコーディング時。
中華レストランで。細野晴臣がチュー
ナーでシャッターを切るフリをした。

ラフ・トレードやアイランド・レコーズとの海外ライセンスを経て、プロモーションを兼ねてロンドンに来たプラスチックス。ニュー・ウェイブ系に好まれた"ムーンライト・クラブ"のすぐ横、マーガレット・サッチャーが写る看板の前で。
1981. West End Lane, NW6.

1984. Albert Bridge SW3.

RHAPSODY
with
Music Lovers

アルバム『バック・トゥ・ジ・エッグ』と同じ年、来日直前の緊急インタビューとしてポール・マッカートニーから招待された。アビイ・ロード・スタジオ（No.2）にて。
1979. Abbey Road Studio No.2.

ポール・マッカートニーの光と影（前篇）

　私にロンドンへ行く後押しをしてくれたのは、トノバンこと加藤和彦さんだった。当時私が、渡英費を稼ぐために青山にあったアメリカン・スタイルの深夜営業スーパー"ユアーズ"で働いていた時のこと。そこは俳優、ミュージシャン、スポーツ選手などの著名人や大使館の職員、銀座のクラブのママさんなどで賑わった伝説のお店で、中でも加藤さん夫妻は頻繁に利用していただき、やがて親しくなっていった。72年に初めてロンドンを訪れた際にも加藤さんにたくさんのアドバイスをもらい、有意義に過ごせたことが、その後の自身の方向性を決定づけたのだと思っている。

　私がロンドンから定期購読していた音楽誌『NME』にサディスティック・ミカ・バンドのデビュー・アルバム（もちろん日本盤）のレビューが掲載されていたのを発見し、お店に来ていた加藤さんに見せ、それがきっかけでのちの『黒船』の制作をイギリス人の名プロデューサー、クリス・トーマスを起用するに至ったのは驚きだった。クリスを起用したのは日本のレコード会社では初めてのことだったのだ。その後、トノバンやミカ、クリス・ト

ーマスのコネクションのおかげでロンドンでの人脈が広がり、いくつものチャンスを得ることになるとは……。

　さてこのコーナーからは、私がロンドン在住時に出会った、素晴らしいミュージシャンたちとの交友録をつづっていこうと思う。まず最初に、ポール・マッカートニーとのエピソードを紹介しよう。

　1976年に初めてウイングスのコンサート（ウェンブリー・エンパイア・プール。フットボール競技場で知られるスタジアムのとなりにある屋内ホール）を観て以来、彼らのライブにはほとんど接していたが、実際に会ってインタビューとなると超スーパースターのポールはやはり難しい。なにせメディアの優先順位があり、まずはイギリス、ヨーロッパ、アメリカ、そして日本という序列だったからだ。

　そんな中、ポールに初めて会えたのは79年、クリス・トーマスがプロデュースしたアルバム『バック・トゥ・ジ・エッグ』の発表記念パーティに招待された時だった。場所はかのアビイ・ロ

ード・スタジオのNo.2（ビートルズ時代の専用スタジオ）。出された食事は珍しく中華で、ポールお気に入りのスタジオ近くのレストラン“ローズ・ランデブー”からケータリングしたものだと本人が言っていたのが印象に残っている。

その次に会ったのもクリスの計らいで、カンボジア難民救済のチャリティ・コンサートにポールが出演した時。『バック・トゥ・ジ・エッグ』でレコーディングした“ロッケストラ”をほぼ同じメンバーでやるからと誘われ、バック・ステージ・パスを取ってくれたのだ。しかし撮影はステージのみ、と念を押された。それもそのはず、ステージ裏ではポールを筆頭にロバート・プラント、ジョン・ポール・ジョーンズ、ロニー・レーン、ピート・タウンゼント、エルヴィス・コステロ、デイヴ・エドモンズ、ブライアン・メイらがウロチョロしていたのだから。ローディが入れ替え用のアンプの上にチャーリー（白い粉）のラインを引いていて、ちょうど私の目の前でロバート・プラントが鼻から勢いよく吸っていたのが滑稽だった。

1980年に、ビートルズでの来日以来となるウイングス初のポール来日が決まった。彼らのイギリス公演中にリバプールでの取材許可が出、マージー河の船上にメディア関係者が招待され、私はそこで本人と再会した。その際、ポールから“トシはまだロンドンにいるの？”と言われ、私の名前を覚えてくれたことに感動したものだ。

その日、ポールと妻のリンダには会話の合間に幾度となく“薬物だけは絶対に持ち込まないで”とお願いしておいた。ロンドンに住み始めて気づいたことだが、スピリッフ、チャーリーなどは社交辞令的にやる人もいて、料理やケーキの中に入れたりする人もいたのだ。“だけど日本はイギリス以上に厳しいからだめだよ”と念を押し、別れ際に“私も同じ時期に東京に戻るから現地で再会しよう”と約束した。

そして来日公演の数日前、東京の実家にいた私のところに、クリスとミカから電話が。“矢嶋くん、事情は知っていると思うけど、ポールの関係者すべての内外コールは警察に盗聴されているから注意するように”と……。続きは次項にて。

ポール・マッカートニーの光と影（後篇）

80年のウイングス来日時のこと。周知のように、ポールは大麻所持で逮捕され、来日公演も幻に終わってしまった。後日、友人のクリス・トーマス＆ミカ夫妻に会い、当日の話をした。

夫妻は当日、ロンドンから直接成田へ向かい、ポール＆ウイングスより先に日本へ到着した。ポールはロサンゼルスでのリハーサルをしたあとに成田へ入港したのだ。そのため、事件が発覚した時、クリスとミカはかなり困惑状態だったそうだ。前項でも書いたが、私もクリスもミカもポール本人に対し、再三"絶対にドラッグは持ち込むな"と言っていた。だから"一緒にロンドンから来ていればこの事件も防げたのでは……"と、クリスとミカがまわりを気にしながらしゃべってくれたのをよく覚えている。

当時、クリスの家に遊びに行けば、ミュージシャンやマネージャーたちが集まって葉っぱを吸っているのは当たり前の光景だった。社交辞令のごとく初対面の私にも差し出されるわけだが、"ノー・サンキュー"と言えばほかの人に回されるような、なんてことはないものだったのだ。それよりも私は、30畳近くもあるクリスのリビング・ルームに置かれたクワッドのアンプや英国製の大きなスピーカー、そしてピート・タウンゼントがステージで壊したリッケンバッカーなどへの興味が大きかったのかも……。

話を戻すが、思えば1966年にビートルズで初来日した際のポールは、ミュージシャンとしては異例とも言える国賓並みの扱いで羽田の税関をフリー・パスし、高速道路までも閉鎖して警察に護衛されながらホテルへ直行したのだった。このことから、同じ待遇を受けるだろうと安心して妻・リンダが持っていた薬物をポールが隠し持ち、検査されて大事件に至った……。そんな噂（真実は現場にいた関係者のみぞ知ることなので、断言はできない）を私は、ロンドンに戻ってからとある広報担当の秘書から聞いたのだった。

実はこの秘書というのは当時、私が住んでいたベイカー・ストリート（シャーロック・ホームズ博物館、マダム・タッソー蝋人形館などがある通りで知られる）の北側にあったフラットの3階に住んでいた。私が住んでいたのは最上階の4階の屋根裏部屋。

天窓があり、何よりも景色が最高の部屋だった。

その彼女の勤め先が、Tony Brainsby Publicityというアーティストの広報担当をする事務所。Tony Brainsbyという人は、10代の後半にソーホー地区でエリック・クラプトン、ブライアン・ジョーンズらと同居していた人物で、それがきっかけで当時の人気雑誌『ボーイフレンド』のコラムニストとなり、その後自身の事務所を始めたロック・パブリシストの第一人者だ。ウイングスはもちろん、クイーン、シン・リジィ、キッスなど、関係のあるミュージシャンのリストをあげればきりがないほど。このコネクションのおかげで私はさらに人間関係を広げていくことになったのである。

ポールの話に戻そう。ポールとリンダは当時、ロンドンの中心地ソーホー・スクウェアの一角にMPL（McCartney Productions Limited.）を設立し、自身の原盤や映像制作以外にもいろいろと活動していた。その中には『Sandwich』というファンクラブ対象の会報紙もあり、リンダが撮るポール・ファミリー、バンド・メンバーを掲載した充実の内容だったのを覚えている。

ポール&リンダ夫妻と。
20th September 1975. Edinburgh Usher Hall, Scotland.

ジェフ・ベックの広大な邸宅にて。ギターよりも熱中し
ているというホット・ロッド・カーに、愛犬が寄ってきた。
18th September 1978. Wadhurst, East Sussex .

ジェフ・ベックのホット・ロッドな田園生活

　私が映像を通してロンドンに興味を持ち始めたのは、なんといっても1964年に公開されたザ・ビートルズの映画『ビートルズがやって来るヤァ!ヤァ!ヤァ! (A Hard Day's Night)』だが、巨匠ミケランジェロ・アントニオーニ監督が1966年に制作した作品『欲望（Blowup)』もはずせない。

　『欲望（Blowup)』は、サイケデリック・ムーブメントのロンドンを舞台に、当時の気鋭フォトグラファー、デヴィッド・ベイリーをモデルにした作品だ。この映画に登場したのが、ジェフ・ベックが在籍していたヤードバーズ。彼らがクラブで演奏し、ジェフがギターを破壊するシーンが強烈だった。

　それから10年後の1976年5月、ロンドンはチョーク・ファームにあるラウンドハウス（列車の操車場を改装したライブハウス）で初めてジェフ・ベックを観た。ちょうどアルバム『ワイアード』をリリースする直前の頃で、前作『ブロウ・バイ・ブロウ』がアメリカでトップ5に入り、ミリオン・セラーを記録するほどの人気者とあってか会場の周りは長蛇の列だった。

　イギリスの三大ギタリストと言えばエリック・クラプトン、ジミー・ペイジ、そしてジェフだが、彼らはそう簡単に日本の取材を受け入れてくれはしなかった。当時のロンドンのレコード会社には、インターナショナルを管轄する部門はあってもヨーロッパ、アメリカ、オーストラリアがメインであって、日本のオファーなど聞き入れてくれなかったのが実状だったのだ。

　そこで私は、知人のクリス・トーマスに取材ができないかと相談した。1978年のことだ。するとクリスは、ジェフのアルバムをプロデュースしているジョージ・マーティンの会社、AIR（アソシエイテッド・インディペンデント・レコーディング）の秘書、シャーリーを紹介してくれた。

　さっそく彼女に会いに行ったところ、ラッキーにもジェフのマネージャーと交渉してくれることに。そしてなんと、9月に取材できることになったのだ。それも、特別にジェフの自宅に行くように指示されたのである！ その時の感激は、今でもしっかり覚えている。"やはりクリスとジョージ・マーティンの師弟ライン

はすごい"と実感したのもこの時だった。

　1978年9月18日。私はロンドンから列車に乗り、約58km南東に位置するイースト・サセックスのワドハースト（Wadhurst）駅へ降り立った。しばらくしてマネージャーが迎えに来てくれ、車に揺られること数十分。のどかな田園風景が過ぎ行く中、広大な敷地の入口から数百メートル車を走らせると、ジェフの住むストーン・ハウス（文字通り石造りの家）にたどり着いた。

　到着するなり、正面にはなんと1930年代のフォード・ロード・スター（ホット・ロッド・カー）が……。マネージャーによると、ジェフは大のホット・ロッド・コレクターで、ここには4台、ロスのサンセット・ブールバードにある自宅にも数台置いているとのことだった。

　ジェフはガレージにいるとマネージャーが言うので挨拶に行くと、本人は車の手入れをしている様子。スタッフが"ジェフ！"と呼ぶと、あのジェフ・ベックが車の下からひょこっと顔を出した。最初のひと言は、"握手はあとでね"。それもそのはず、ジェフの顔と手はオイルまみれだったから。もはやギタリストではなく、カー・エンジニアにしか見えなかったほどだ。やがて、ジェフのガール・フレンドがアフターヌーン・ティーを作ってくれ、着替えを終えたジェフが現われて感激の握手をした。

　全ギタリストのあこがれであるジェフ・ベックが、ギターではなくホット・ロッドに一番熱を入れていたのはなんとも興味深い。週末には仲間を集めて、広大なこの敷地でレースをするそうだ。ちなみに彼の住むこのストーン・ハウスの面積は100エイカー（40万平方メートル）もあり、ベッド・ルームは10部屋もあった。さらに犬は4匹、猫は25匹も飼っていたというから驚きである。建築されたのは1591年で、かのクイーン・エリザベス一世のお抱え建築士が設計したそうだ。75年に購入して以来、幸せなカントリー・ライフを満喫しているジェフのプライベートな一面を発見できた一日だった。ちなみにウィキペディアで"Wadhurst"と検索すると、Notable People（著名人）のところにジェフの住まいのことが出ているのでぜひ見てほしい。

私と大喧嘩したあとのセックス・ピストルズ。左からポール・クック(d)、ジョニー・ロットン(vo)、グレン・マトロック(b)、スティーヴ・ジョーンズ(g)。
10th February 1977. 6 Denmark Street WC2.

ジョニー・ロットンにツバをかけられた!

60年代のロンドンは、モッズ、ミニ・スカート、サイケデリックなど、音楽に留まらずファッションや文化の中心地となっていた。

私が初めて訪れた70年代初めの頃、新たなクリエイターたちはすでに観光地化されていたカーナビー・ストリートから西ロンドンのケンジントン・チェルシー地区への展開を開始していた。事前に加藤和彦さんから手渡されたメモ（洋服屋やレストランの案内がほとんど）を頼りに、まずはチェルシーのキングス・ロード488番地にあったショップ、"Granny Takes a Trip"に。そこでお目当てのプリント・シャツを見つけたものの、もうひとりの客と取り合いになってしまった。顔を見たらなんと、その客はロッド・スチュワートだったのだ! 当時、私は全身BIGI（菊池武夫）をまとい、高橋幸宏から譲り受けたロンドン・ブーツを履いていた。このスタイルをロッドにほめられ、結局最後の1枚を私に譲ってくれたのだった。

本題へ移ろう。同じキングス・ロードの430番地には、"World's End"がある（現在はヴィヴィアン・ウエストウッドのショッ

プ）。当時、そこに前述の"Granny"と双璧をなしたお店"Mr. Freedom"があり、その後"Paradise Garage"、そして71年にはヴィヴィアンとマルコム・マクラーレンが"Let it Rock"をオープン。ここに通いつめていたセント・マーティン・スクール・オブ・アートの学生だったグレン・マトロック（b）がバイトで働きだし、74年に"SEX"と改名する。ボンデージ・スタイルのデザインとショッキング・ピンクの大看板はキングス・ロードにセンセーションを巻き起こした。その店に入り浸っていたのがスティーヴ・ジョーンズ（g）とポール・クック（d）、そしてジョン・ライドン（vo）だった。店内のジューク・ボックスにかぶりついていたジョンを見たマルコムはカリスマ性を感じ、"ジョニー・ロットン"へと改名させ、グループを結成させる。グループ名は店名のSEXをつけ、"セックス・ピストルズ"と決められた。

とある日にクリス・トーマスの家に遊びに行った際、"居間で大事なミーティング中だ"と言われ、ミカさんとお茶だけして帰ったことがあった。のちにその相手がマルコムとロットンだったこ

とを知ったが、水面下でクリスとの話が進んでいたのだろう。76年、EMIが当時としては破格の4万ポンドを提示して獲得。11月にデビュー作「アナーキー・イン・ザ・U.K.」が発売され、トップ視聴率の生番組に出演したものの"ファッカー"を連発して大批判を浴び、全国チャートは38位止まりだった。

そんなピストルズに、私は以前から取材を申し込んでいた。が、EMIの国際部は協力する余地がないとわかり、クリスに事情を話したところ、マルコムの連絡先を教えてくれた。

そして、忘れもしない1977年2月10日。午後2時にメンバーが寝泊まりしているデンマーク・ストリートのフラットに行くようマルコムから指示された。約束の時間にドアをノックしたら、グレン・マトロックが出てきた。取材のことを話したが、"そんなことは聞いていないから帰れ"と言われ、ドアを閉められそうになった。とっさに足を押し込んだらかなり強めに挟まれたので、日本語で、それも大声で "馬鹿野郎！何するんだ"と叫んだ。するとドアを開けたが、残りの3人も出てきて、さらに"帰れ"を連

発してくる。そして、ロットンが私にツバをかけたのだ。私は堪忍袋の尾が切れ、ロットンの胸元をつかむと、3人が仲裁に入った。"ジョニーが悪いぞ！謝れ!"と言ったところで、私は手を離した。

結局本人が謝ってきたので、仲直りにビールを飲みながらインタビューすることになった。積極的に話に答えてくれたのはアート・スクール出身のグレンだ。ほかの3人は音楽的な話があまりできず、グレンはピュアな目でこちらを見て話してくれたのを覚えている。やがてグレンはバンドを脱退してしまうわけだが、この時すでに3人とグレンには少し溝が生まれていたのかもしれない。

この数週間後、EMIが契約を解除。4万ポンドは違約金とされ、その後A&Mが15万ポンドで契約したが1週間後に解約されたために、マルコムは半額の7万5千ポンドをせしめたのだった。最終的に、契約はヴァージン・レコードで収束。そういえばアルバムのレコーディング中、クリス・トーマスはスタジオの近くで極右翼に襲われたそうだ。大事に至らなかったのが幸いだった。

ザ・ダムドのシンガー、デイヴ・ヴァニアン。このあと、彼のガールフレンドに悲劇が起こることは知るよしもない。
21st September 1976. 100 Club Oxford Street W1.

忘れられない76年のパンク・フェスティバル

　時は1976年9月21日。もう40年以上も経った今になっても、鮮明に思い出す衝撃的な夜だった。

　場所は、ロンドンの中心地であるオックスフォード・ストリートの100番地にある老舗のライブ・ハウス"100 Club"。1942年創業のジャズ・クラブで、ルイ・アームストロングやベニー・グッドマン、アート・ペッパーなどがプレイし、英国ジャズ・シーンの要にもなった場所だ。そこで"100 Club Punk Festival"と題したイベントが2日間行なわれた。出演するのはセックス・ピストルズ、スージー・アンド・ザ・バンシーズ、クラッシュ、ダムドとのことだった。迷わず私は観に行くと決めた。ぜひ写真撮影もしたいと思い、カメラを持って私は出かけた。

　ドア・オープンは19時だったので早めの17時すぎに行ったが、すでに長蛇の列。サマータイムだからお日様は沈んでおらず、まるで午後2時くらいの明るさだ。近くにあるパブの表は立ち飲みの人であふれている。この時期は"インディアン・サマー"と言って、ウィンタータイムとなる10月の最終日曜日までのロンドンは一番過ごしやすい。

　クラブ内はすし詰め状態だったが、写真を撮りたいので"前に行かせて"とまわりのパンカーたちにお願いしたら、意外にも親切に道を空けてくれ、ステージ前までたどり着けた。

　そしてステージ前。横を見ると、モデル風の女子が柱に寄りかかっている。話しかけると、なんと彼女はダムドのボーカリスト、デイヴ・ヴァニアンのガール・フレンドだったのだ！

　彼女がダムドのことをいろいろとしゃべってくれた。デイヴはもともと墓堀人だとか、ギターのブライアン・ジェイムスは、ミック・ジョーンズと"London SS"というバンドを1年前までやっていたとか……。ミックはご存知のとおりジョー・ストラマーとクラッシュを結成してバンドは解散し、やがてブライアンはニック・ケント（音楽紙『NME』の編集者）のバンドに参加。やがてニックは雑誌に復帰することになり、残ったメンバー（キャプテン・センシブル、ラット・スケイビーズ）にデイヴが加わってダムドが結成されたと教えてくれた。

同じ日に飛び入りで登場したバズコックス。

　そうこうするうち、ステージに登場したのは、告知なしでやってきたマンチェスターのバズコックス（右上の写真参照）だった。当時の私はパンク系のバンド事情に詳しくなかったのだが、親切にも彼女が耳元で教えてくれた。ボーカルはのちにマガジンを結成するハワード・ディボートだ。ピート・シェリーのギター・プレイは独特で、パンク・ビートに乗せるメロディが印象的だったのを覚えている。場内はヒート・アップし、乾いた喉をうるおすにもバー・カウンターまで身動きできないほど人があふれていた。そんな中、彼女は気を利かせてメンバーの楽屋から缶ビールを持って来て、私に差し出してくれた。やがてダムドが登場してさらに熱気が上昇し、人が波打ちの状況と化してきた。

　その時のことだった。私は写真を撮るのに集中していたが、突如として首のうしろあたりに痛みを感じた。と、その瞬間、横にいたはずの彼女が突然私の視野から消え、見えなくなった。ふと下を見下ろすと、なんと彼女は床に倒れており、顔から血を流していたのだ。

　私が大声で"Call an ambulance!!"と叫んだら、バンドは演奏を中断し、デイヴがマイクを通して大声で"ビール瓶を投げた馬鹿野郎を捕まえろ!!!"と言ったが、犯人は逃げてしまった。救急車と警察官が駆けつけ、彼女は病院に搬送された。

　結局、この日のステージは中止となり、翌日の新聞にも記事が掲載されるほどの騒ぎとなった。

　ビール瓶を投げたのは、アンチ・パンクのナショナル・フロント（極右翼）の連中だった。彼らがデイヴめがけて投げた瓶が運悪くガールフレンドの顔面に当たり、その破片が私のうしろ首に飛んで来たわけである。

　ハンカチで首を押さえながら私は家に戻り、家内に状況説明をしたが、思った以上に出血が多かったようだ。"二度と行かないで"と釘をさされてしまった。

　結局ステージが中止となってしまい残念だったが、もっと悔やまれるのは、病院に搬送された彼女は右目を失明したと記事にあったことだった。

『ロンドン・コーリング』のデモを作るザ・クラッシュ。リハーサル・スタジオでのショットだ。ミック・ジョーンズ (g) がトッパー・ヒードン (d) の髪の毛をクシャっとする光景が微笑ましい。
25th June 1979. Vanilla Studio.

ザ・クラッシュがあの名盤を生んだ瞬間

時は1979年6月25日。その日の夕方、ロンドンはビクトリア駅近くのピムリコ地区にあるリハーサル・ルーム"ヴァニラ・スタジオ"にて、私はザ・クラッシュのメンバー4人と初めて会えることになった。

そこは見るからに古びた汚い倉庫で、その二階で彼らは練習に励んでいた。テーブルには8チャンネルのミキシング・コンソールと4トラックのテープ・デッキ、ローランドのスペース・エコーが並んでおり、そこでミック・ジョーンズ（g）が1パイント瓶入りの牛乳を片手に持ちながら作業していた。

彼らがデビューした当時、まわりの連中が夢中になっていたのを横目に、私自身はなぜかザ・ジャムやポリス、エルヴィス・コステロ、スペシャルズらに興味があった。しかし、忘れもしないこの日の出来事をきっかけに、彼らの素晴らしい才能を実感することになる。なぜなら、彼らはなんとあの名盤『London Calling』のデモ・テープ作りをしていたのだ。

休憩に入った時、彼らは私に"今作っている新曲を聴いてほしい"と言って何曲かをプレイ・バックしてくれた。そこで聴いたのは、生まれたての「London Calling」と「Train in Vain」。アレンジこそ完成していないものの、イントロ、メロディともキャッチーで脳裏に焼き付いた。

彼らと話すうち、録音スタジオについての話題になった。ミックが"12月までにはウェセックス・スタジオで録音するよ"と教えてくれたので、私が"そこは何度か行ったことあるよ。友人のクリス・トーマスが「ビル・プライスという凄腕エンジニアがいる素晴らしいスタジオだ」と言ってたよ"と返すと、今度はジョー・ストラマーが"まさに俺たちはその評判を耳にしてあそこに決めたんだ"と話に乗ってきた。"プロデューサーは？"と問いかけるとガイ・スティーヴンスだと言うので、"彼は60年代にアイランド・レコードのハウス・プロデューサーをやっていて、日本でよく聴いていたスプーキー・トゥースやモット・ザ・フープル、そしてフリーの1stをプロデュースした人だね"と私が言ったとたん、4人が"トシはなんでそんなに詳しいの？ 一体今いくつなの？"と、逆に私がインタビューされてしまった。こんな感じでメンバーと打ち解け、話は音楽以外の方向にも展開していった。

『ロンドン・コーリング』のデモ制作の合間にて。天窓を見上げてもらった。

　ベースのポール・シムノンがバンドの経歴を教えてくれた。"ジョー、ミック、俺は3人ともアート・スクールのドロップ・アウト（中退）組さ。ジョン・レノンやジミー・ペイジ、ジェフ・ベック、エリック・クラプトン、キース・リチャーズ、ピート・タウンゼント、デヴィッド・ボウイ、レイ・デイヴィスたちもみんなアート・スクールの中退組だね。俺はケンジントンにあったバイアム・ショウ美術学校に奨学金で入ったけど、1年ほどで中退した。まぁ、今ではグループの服をデザインしたり、ベースを自分でペイントし直したり、習ったことは無駄じゃなかったけどね（そのベースはのちにアルバム・カバーになった、床に叩き付けたあのベース・ギターなのでは？）。

　余談だが、ポールが通ったその学校はその後ロンドン北部に移転後、一部を三世帯が入るフラットに改装されたのだが、私は1995年に1階部分を購入して住んでいた。

　さて、ミックにも経歴を聞くと、"8歳の時に両親が離婚して母はアメリカへ行き、親父は家を出ていった。それからはおばあちゃんに育てられ、カウンセル・フラット（公営アパート）に住んだよ。

俺が1stアルバムの曲「London's Burning」を書いたのもこの時でね。18階建てだから市内のモーター・ウェイを一望できるんだけど、あそこの5階以下には絶対に住むもんじゃない。ましてグランド・フロアー（1階）なんて最悪さ……"と話してくれた。ミックは幼くして両親から離されたことで、"成功して親を見返してやる"という強い意志が芽生え、それがクラッシュにつながっているのかと私は感じた。

　今度はジョーが語り出す。"俺はガキの頃から60年代のリズム・アンド・ブルースが好きだった。16歳の時に従兄弟からアコースティック・ギターをもらい、しばらく弾かなかったけどラジオから流れるR&Bに合わせてエレキ・ギターが弾きたくなり、ヘフナーのモデルを買ってから真剣に練習したよ。尊敬するギタリストはウィルコ・ジョンソン。ヤツのギター・プレイにはぞっこん参っているよ"。

　最後に、"日本と聞いてイメージするのは？"と問うと、4人とも口を揃えて"Atomic Bomb"と答えた。"Hate & War"をモットーに前進する彼ららしい答えだ。

151

ジャマイカ訛りで私のことを"トス！"と呼んでくれたボブ・マーリィ。
彼との時間は永遠に忘れない。
1st June 1977. Berkeley Square, Mayfair W1.

マイ・ブラザー、ボブ・マーリィ

私は原稿を書く時に、いつも必ずやることがある。パソコンのiTunesをクリックして"BBC Radio 2"を流し、気分をロンドンにするのだ。時差はあるにしても、メイダ・ヴェール（運河があり"リトル・ヴェニス"とも言われる閑静な高級住宅街）のスタジオから発された電波がここにも届くのだから幸せなことですね。先頃、そこからふと流れてきたのが、ボブ・マーリィ＆ザ・ウェイラーズのライブ版「No Woman, No Cry」（『Live!』収録）。そんなわけで、今回はボブ・マーリィとの思い出をお伝えしよう。

実はこのライブ盤が録音された1975年7月18日、会場のライシアムに私はいた。その日の昼、私は頻繁に出入りしていたEMIレコードに国際部ができたという話を聞かされたので、担当者に会いに近くのデューク・ストリートへ出向いたのだった。

そこにいたのは、ロジャー・エイムスなる長身の青年だ。彼はカリプソやスティール・パンの発祥地、トリニダード・トバゴ出身。トリニダードといえば、のちの86年1月にシャーデーとホリデーに行くことになる地であるが、その話はまた今度（P178参照）。

長身のロジャーとは、同じ歳だからか初対面なのにやけに気が合った。それで、"今夜、ボブ・マーリィのチケットが2枚あるから付き合え"とラッキーにも誘われたのだ。このロジャーという男はのちにロンドン・レコーズとワーナーのCEOを歴任し、現在は約200億円の資産家になっている。

初夏のロンドン、私とロジャーはライブ前に仕事帰りの人で賑わうパブへ。数パイント飲みながら、ロジャーはボブ・マーリィに対する会社の意気込みを熱く語る。74年にエリック・クラプトンがボブの「I Shot The Sheriff」をカバーして全米ナンバー・ワンを記録してから、ボブの人気は急上昇し、レゲエ自体も盛り上がりを見せていたのだ。そして、なんとかボブのチケットを入手したというわけである。やがてパブを出て、オックスフォード・ストリートからブラック・キャブ（黒塗りのタクシー）に乗り、シアター街のストランドへ向かった。

会場のライシアムの前は黒山の人だかりだった。会場内はロンドンのジャメイカンと白人が半分ずつといったところだ。ポール・

私が偶然持っていた朝日新聞を小道具として渡し、読めない日本語を眺めるボブ。
7th July 1978. Rotterdam Holland.

ルームなのでもちろん立ち見で、人の熱気で蒸し風呂状態である。横のロジャーが、タバコをやらないのになにか吸っているので、"どうしたの？"と聞くと、ニヤ顔でプカプカしながら"これはガンジャといってな、マリファナと同じだけど隣から回ってきたんだ。トシもどうだ"と強引に回されたので一服したが、そのキツさは半端じゃなかった。隣にいたドレッド・ロック・ヘアーの兄ちゃんがひと言、"nice, isn't it?"と語りかけてきたのも覚えている。

やがてMCがステージに現われ、"This Trenchtown experience, all the way from Trenchtown Jamaica!"と紹介し、ボブとウェイラーズ、そしてコーラスのアイ・スリーズが登場した。会場はまさにハイ状態。最高潮のエクスペリエンスだった。その後もボブのライブは76年、77年（この時はガンジャ取り締まりのため、入り口に警察犬が配備された）、78年にも体験した。

ボブには3度、インタビューもしたことがある。1度目は月刊『プレイボーイ』用の取材で、本人に雑誌を渡すと"悪いけど、裸が掲載された雑誌の取材はお断りだ"と言われ、追い返されてしまった。そのあと何度も説得し、最終的には奥さんのリタ・マーリィの手助けで納得してもらい、なんとかインタビューできた苦い思い出がある。

78年の2度目のインタビューでは私のことを気に入ったらしく、オランダ公演に招待すると言われ、後日アイランド・レコードからバイク便で往復航空券とステージ・パスが届けられた時は夢じゃないかとホッペをつねってしまった。楽屋に入るとボブが"トス！マイ・ブラザー"（ジャマイカ・アクセントだとトシと言えず、トスと訛るのだ）と呼んで、大きくハグしてくれた。オランダでは大麻が解禁されているので、ボブはさっそく太いガンジャを自分で巻き始め、私の横に座って"give me a light（火をくれ）"と言ったので、すかさず"catch a fire"（ウェイラーズのアルバム・タイトル）とユーモア混じりに返して大笑いした。ロンドンでのあの緊張感とは真逆の、リラックスしたボブを見られた一生ものの思い出だ。ボブが亡くなって35年以上になる今でも、鮮明に蘇ってくる。

ポール・ウェラーは、ステージでもスタイリッシュで
いつでもカッコよかった。彼との思い出は多い。
January 1980.

ポール・ウェラーのファッション談義

ポール・ウェラーに初めて会ったのは彼が20歳の時だから、1978年だったと記憶している。ザ・ジャムの3枚目のアルバム『All Mod Cons』の頃だ。

前年にはザ・クラッシュ、セックス・ピストルズらがデビュー・アルバムを発表し、世の中がパンク・ムーブメントで揺れ動く中、ザ・ジャムも『In The City』をリリースした。音楽誌では"ピート・タウンゼントのリヴィヴァリストだ"と英国人特有の皮肉論で酷評されたものの、彼らの一徹なモッズ魂は各地に潜んでいたソウル・ボーイやスウェードヘッド（丸刈り）たちに熱烈な支持をもって迎えられた。そんなザ・ジャムのポール・ウェラーとは、語り尽くせないほどの思い出がある。ここでは彼への取材を通じて、音楽論はもとよりファッション談義に花を咲かせたエピソードをお伝えしよう！

"俺はロンドン南東に位置するサリー州のウォーキングっていうところで生まれ育った。ウォータールー駅（キンクスの代表曲「Waterloo Sunset」の舞台）まで約30分の郊外通勤地だね。12歳くらいからザ・フー、キンクス、スモール・フェイセズなんかの60年代のモッズ・サウンドに刺激を受けてね。当時のファッションにも魅せられ、電車でロンドンに行き、カーナビー・ストリートの服屋に通ったよ。ベン・シャーマンのシャツやリーバイスのジーンズを買って、学校で見せ合ったりしてた。15歳の時にリック（バックラー／d）たちとバンドを始めて、昼休みや放課後に音楽室で練習したもんだ。小遣いを貯めては地元のオックスファーム（不要の雑貨、衣料など寄付されたものを安価で売るチャリティー・ショップのこと）に行って、3つボタンのスーツとかフレッド・ペリーとか、60年代の古着を買いあさったね"。

そんなウェラーはザ・ジャムを結成し、やがてメインストリームに進出する。その時の恩人が自分の父、ジョン・ウェラーだったという。

"しっくり来てなかったベーシストをブルース（フォクストン）

に替え、トリオとしてやっていける自信が出てきた。それで18歳の時、元ボクサーだった親父がマネージャーとして本格的にバンドの活動に関わり始めたんだ。親父は当時、ロンドンのライブ・ハウスでザ・クラッシュを観て、ジョー・ストラマーに身震いするほど刺激を受けたそうだ。そこで親父は、ウェスト・ロンドンにある「Nashville Room」や、「Red Cow」などのパブ、オックスフォード・サーカスにある「100 Club」、そしてソホー地区の老舗「Marquee Club」あたりにブッキングしまくった。そうやって活動拠点をロンドンに集中させたことで、とうとうレコード会社のA&Rマンにデモ・テープを渡すチャンスがやって来たんだ。最終的にはメジャーとの契約を結べた。親父には感謝しているよ"。

　私はファッションにも興味があったので、ウェラーに"60年代の東京ではアイビー・ルックが流行したんだけど、それとロンドンのモッズ・スタイルをどうしても混同してしまうんだ"と言うと、彼は堰を切ったようにファッションについてしゃべり始めた。

　"俺は学校の勉強なんかより服のスタイリングに興味があったね。図書館に行っていろいろ調べたり、年配の人に聞いたりして学んでいったよ。イギリスのファッションっていうのは、イギリス発祥のスポーツと関係が深いと思う。ゴルフ、テニス、クリケット、ポロ、サッカーにラグビー……こういうスポーツが世界に広まったと同時に、英国のファッションも受け入れられたんだ。フレッド・ペリー、ベン・シャーマン、ハリントン・ジャケット、ローファー（スリップ・オンとも言う）、プリンス・オブ・ウェールズ柄（チェック）のズボンとかね。こういうのがアメリカに輸出されると、アイビー・リーグ（アメリカの名門大学8校の総称）に浸透していったんだ。日本でアイビー・ルックが流行ったのもその流れじゃないかな？　実はロンドンにも64年頃には「The Ivy Shop」という専門店があったそうだよ。ミュージシャンや作家といったアーティストが集まって賑わっていたみたいで、ローリング・ストーンズもその中の一員だ。だから彼らも服装にうるさかったのかもね"。

記念すべきロンドンでの初ライブをとらえたカット。まだ誰も知らないのちの名曲をいくつも披露し、ここから彼らの大躍進が始まる。
August 1980. Dingwalls, Camden NW1.

オフィスの床に寝ていた"迷い猫たち"

　ロンドンのレコード会社には、"プレス・オフィス"なる部署がある。契約アーティストのマネージメントとメディアとの仲介役をしたり、最新情報やプロフィールを制作して発信したりするところだ。メジャー・レーベルともなると100を超えるアーティストを抱えており、リエゾン（連絡）にバラツキが生じてしまうので、そこからさらに"パブリシスト"という広報担当の専門会社がサポートにあたる。彼らが大物から新人アーティストまで、徹底したプロモーション、企画展開をするのだが、当時の私にとっては、そのパブリシストとのコネクションが大切かつ貴重だった。

　当時の音楽業界では世界の登竜門と言われていたロンドン。世界中のジャーナリストがここを拠点に自国へ発信する中、優先順位からすると日本は良くて4番目（イギリス、ヨーロッパ、アメリカの次）。なかなか取材の機会が与えられない状況だった。そのため、パブリシストと親しい関係を築くしかなかったのである。

　そんなある日、よく通っていたスージー＆ザ・バンシーズらニュー・ウェイヴ系を得意とするパブリシストのオフィスに行くと、別の部屋でソファや床にマットを敷いて寝ていた男3人に出くわした。

　寝ぼけまなこで自己紹介してきた3人の名は、ブロンド・ヘアーの美青年がブライアン（g,vo）、ブラック・ヘアーがリー（b）、グリーシーなクイフ・スタイル（イギリス英語で言うロカビリー時代の前髪を垂らすヘアーの意）の男がスリム（d）と言った。なんと、3人とも19歳のニューヨーカーだという。彼らのグループ名は、"Stray Cats（迷い猫たち）"。忘れもしない、1980年8月のことだった。

　常にイギリス人アーティストと接していた私は、久々に聞くアメリカン・アクセントに新鮮さを感じ、さらに3人のルックス、グループ名の響きにも興味が沸いたので、その場で話を聞くことにした。

　"ロングアイランドからロンドンにやってきたのは7月で、まだひと月足らずだね。ずっとニューヨークを中心に活動してたけど、だんだんと飽きてきたんだ。あそこもロンドンのニュー・ウェイヴ・シーンの影響で、それまでアンダーグラウンドだったものが徐々にオーバーグラウンド化してきた。だから俺たちのよう

なオールド・スタイルのバンドにはあまり関心を示してくれなかったんだ。そんな時、ロンドンはモッズ・ファッションやロカビリー・ファッションの根強いファンが今だにたくさんいるって噂を聞いた。「じゃあ、夏だしバケーションも兼ねて行ってみよう」ってことになってね"。ほっそりとした若いブライアン・セッツァーが話してくれた。

さらにブライアンが続ける。"お金に余裕がなかったので、身の回りの物を売ったよ。ピアノとか、いらないギターとかね。それでなんとかお金を集めて、トランス・ワールド航空のキャンセル待ちチケットを買ったんだ"。今度はベーシストのリーが話す。

"ブライアンはグレッチのギター、スリムはスネア・ドラムを手荷物で機内に持ち込んだんだけど、俺の担当は大きなウッド・ベースなんだ。専用のケースもないので通常の荷物として扱えないと言われ、仕方なくベースのために席を買って乗り込んだよ。結果として、ウッドベース分のドリンクや食事も提供されて楽しかったけど！"。

そしてロンドンに着き、最初のうちは安いホテルで暮らしながらライブ・ハウスやパブのオーナーに出演を交渉して回る生活を送っていたそうだ。が、結局一度もライブができないまま時間が過ぎていき、お金も底を突き始めていた。やがて、彼らは楽器だけを預けて、寝る場所探しを始めた。そこで見つけたのがオールナイトの映画館だったという。今では伝説的なバンドが、ちょっとしたホームレス生活を送っていたというのだから驚きだ。

結局、運良くキングス・ロードにある洋服店のオーナー、ロイド・ジョンソンの紹介でこの事務所に居着き、現在に至るとのこと。……この日の夜から、彼らの見事なサクセス・ストーリーが始まることを本人たちは知るよしもない。その場に居合わせた私やスタッフも、誰も想像できないことだった。

この日の夜、パブリシストがエージェントに交渉し、彼らはようやくロンドンで初めてのギグを行なった。場所は北ロンドンのディングウォールズ。私も招待されることになった。その時の興奮を収めたのが前頁の写真である。

163

WORKS
トシ矢嶋の仕事

Cover Photo

『Promise』
シャーデー　1985年

公式フォトグラファーとして撮った2ndアルバム。明け方のマドリッドで、街灯の明かりだけで撮影。シャーデー本人はこの日本盤の色味が一番のお気に入りだと言っていた。

「Sweetest Taboo」
シャーデー　1985年

『Promise』のカバーと同じ時にマドリッドで撮影。ジョークでスペインの闘牛士のフリをして赤い布をはためかせる。こんなひとコマでも絵になってしまうのがシャーデーだ。

「Never As Good As The First Time」
シャーデー　1985年

『Promise』からのシングル。黒の衣装に金の装飾品をまとった美しい彼女は、トリニダード・トバゴでのバカンス中に撮った。よく晴れた日の午後、ホテルにあったプールの前にて。

「Hang On To Your Love」
シャーデー　1984年

シャーデー来日中に青山のスタジオで撮影した。近くの老舗とんかつ屋"まい泉"で買ったカツサンドをメンバー全員でペロリと平らげたのがやけに印象に残っている。

『SNAP!』
ザ・ジャム　1983年

解散直後の83年に発表されたザ・ジャムのベスト盤。寒い冬の朝9時、ロンドンのタワー・ブリッジにほど近いセント・キャサリンズ・ドックに集合した。老舗パブを背にしたショット。

『Cafe Bohemia』
佐野元春　1986年

佐野元春がミキシングでロンドンに来た時に撮ったもの。この時彼が着ている"TUBE"の上着やコートは実は私が持っていたもので、妻・茂代がコーディネイトしてくれた。

シャーデーの3rdアルバム『Stronger Than Pride』(1988年) の中ジャケ。マルセイユでの録音時、夜の葡萄農園にメンバーを連れて行き、車のライトを4つ当てて撮った。

New Musical Express (NME)

『New Musical Express』
1979年4月21日刊

イギリスで最も権威のある音楽紙、NMEに載ることは写真家として大きなステータスだった。大半の音楽業界人が購読しているため、新たな仕事をもらえるのだ。この号ではルー・リードを撮る貴重な機会をもらった。煙草を右手に挟みつつ、アクリルのギターを抱える姿が実にクールだった。

『New Musical Express』
1981年1月17日刊

ストレイ・キャッツとはロンドンに来たての頃からの知り合い。この号では彼らのライブ写真がカラーで複数枚にわたって掲載された。なお彼らのデビュー作『Stray Cats』でも中ジャケで私の写真が使われているので、興味のある方はチェックしてみて下さい。

Event

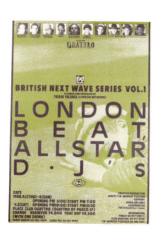

『British Next Wave Series Vol.1 LONDON BEAT, ALLSTAR DJ'S』

1988年9月1日〜4日に渋谷クラブクアトロで開催されたイベントの企画／プロデュースを担当。当時の英国クラブ・シーンに君臨するトップDJを招聘し、CJマッキントッシュやジャイルス・ピーターソンら6人のDJが日本に集結した。DJたちのポートレートもいくつか撮影。

Record Produce

『Ocean』
ワークシャイ
1992年／ポニーキャニオン

アートワークからキャスティングまでトータル・プロデュースをしたアルバムで、日本のポニーキャニオンからリリース。リード・ボーカルのクリスタ・ジョーンズのうしろ姿をカバー・ビジュアルにした。

「Harlem River Drive」
マーデン・ヒル
1993年／MO'MUSIC

1992年、小山田圭吾のトラットリア・レコーズ内に私のレーベル"MO'MUSIC"を立ち上げた。この作品はネオアコから映画音楽的なものまで多彩なサウンドを聴かせるイギリスのプロジェクト、マーデン・ヒルのシングル盤。全体にレーベル・ロゴをあしらった。

『Gauloise』
ムッシュかまやつ
1994年／MO'MUSIC

ロンドンのアシッド・ジャズ・レーベルが持つスタジオで録音。ブラン・ニュー・ヘヴィーズやJ.T.Qなどが参加した。ロンドン入りしても曲ができておらず困ったが、かまやつさんが"パリへ行ってくる"と突然言って3〜4日後に曲を書き上げて戻ってきた。さすがだ。

ブラック・サバス、ギリシャ・レストランにて。オジー・オズボーン（下）がビル・ワード（左）の髭を焼く直前のカットである。

1st June 1978. Bayswater W2.

オジー・オズボーンのビル・ワード髭焼き事件

　ここで少し音楽性を変えて、ブラック・サバスとの回想にお付き合い頂ければと思う。

　彼らが結成10周年を迎えた1978年、私は英国ツアーのロンドン公演に2日間同行することになり、取材を許可された。実際は英国ツアー全公演をバスで同行する予定だったのだが、私の都合がつかず、ロンドンだけにしてもらった。

　当時、グループ内の雰囲気は良いものとは言えなかった。イギリスの音楽メディアは6作目のアルバム『Sabotage』（75年）からオジー・オズボーンとトニー・アイオミの不仲説を報じ、次作の『Technical Ecstasy』（76年）ではトニーが主導権を握ってアルバム・プロデュースをした。スタジオ作業に予想外の時間を費やしたことに対し、オジーは"オーバーダビングのしすぎだ。トニーに任せたのが間違いだった。これはサバスではなくトニーのソロ・アルバムだ"と揶揄した。それほど、両者の関係は悪化していたのだ。

　そんな状況で迎えた結成10周年記念ツアーで、唯一の救いがサポート・バンドに選ばれたアメリカからの新星バンド、ヴァン・ヘ

イレンの存在だ。彼らのカラっとしたムードはメンバーを明るくしてくれた。前日に滞在先のケンジントン・ヒルトン・ホテルで行なわれたパーティには、クイーンのブライアン・メイもお祝いに駆けつけ、私から見たらバンド内の緊張はまったく感じられなかった。翌日のステージでも、5千人ものメタル・ファンを魅了した。

　さて今回のお話は、そのステージのあと、私がメンバーと一緒に食事をした時のこと。

　一行は、会場のハマースミス・オデオンからホテルへ移動し、ベイズウォーター地区（ホテルのあるホーランド・パーク駅からふたつ先のクイーンズウェイ駅の一角）にあるギリシャ・レストランへ向かった。ハイド・パークのケンジントン寄りに位置し、ロンドン一の繁華街、ピカデリー・サーカスの雰囲気を小さくまとめたようなところだ。中華、イタリアン、インド、トルコ、中近東レストランに会員制のカジノ（80年代に秋元康さんも来た）もあり、プチホテルも点在しているので、遅くまで観光客で賑わうスポットである。

　ドラムのビル・ワードによると、彼らはこのギリシャ・レストラ

サポート・アクトを務めたヴァン・ヘイレンと。酔ったメンバーがズボンを下ろす冗談ポーズを始めてしまう。アレックスとエディのふたりがパンツまで下ろしたので、"まずい"と思いうしろを向いてもらった。
June 1978. Hilton Hotel Kensington W11.

ンをよく利用しているらしく、貸し切り状態となっていた。そのため、メンバーは葉っぱをプカプカ回し始め、オジーとビルに挟まれて座った私にも回ってきた。"ノー・サンクス"と断ったのだが、オジーが"カモン！ トシ！"と強引に迫ってくる。あの驚異の声と鋭い眼光で迫られた時の私の心中をどうか察してほしい。結局、雰囲気をまずくしていけないと感じ、思いきり一服吸い込んだら、メンバーは大笑い。そこからは、料理を満喫し、ワイン・ボトルを何本も空けた。

次第にアルコールとドラッグが回ってきたのか、オジーが攻撃的になり始めた。3人に向かって、特にビル・ワードを責め立てるようになってきたので、トニーとギーザー・バトラー (b) が仲裁に入った。

いったん落ち着いたところを見計らって、私はグループの写真を数カット撮り、再びテーブルに戻ると……今度はなんと、オジーがビルのあご髭をテーブルにあったローソクで燃やし始めた！

ビックリした私は火を吹き消し、濡らしたナプキンをビルのあごにあてがったが、もはや半分ほどが燃えてしまっていた。またもや一触即発になるか？ と危惧したが、やられたビル本人もほかのメンバーもなぜか笑っているだけ。結局、私ひとりが慌てふためいた状況になってしまった。

食事が終わり、一行はタクシーを呼んでホテルへと向かったが、私の住むフラットはホテルのすぐ北側、セント・ジェームズ・ガーデンにあったので途中で降ろしてもらった。

その後、ブラック・サバスは無事に英国ツアーを終えた。とはいえ、その翌年の79年にオジーが突然脱退する騒ぎを起こすことになるのだが……。

よく、音楽のシーンは10年周期で変わると言われる。だが、変わらないものもある。サバスとあの大騒ぎの食事会をした1978年の1年前、イアン・デューリーが「Sex & Drugs & Rock & Roll」を発表し、こんなことを歌っている。

"セックスとドラッグとロックンロール、僕に必要なのはそれだけだ。セックスとドラッグとロックンロール、それはとても素晴らしい。馬鹿げたことをやり通すか、それとも窓から投げ捨てるか？"

あのギリシャ・レストランでオジーがしでかした"馬鹿げたこと"も、今ではいい思い出だ。

ロンドン市内のホテルのバーにてポーズを決めるリッチー・ブラックモア。 1978.

リッチー・ブラックモアのサイキック・リサーチ

"フェンダーのギターにこだわるのは、アイデンティティとそこから生まれるリアクション（反応）さ"。

ペイジ、ベック、クラプトンに次ぐイギリス人ギタリストと言えばリッチー・ブラックモアだと察するが、4人とも大のインタビュー嫌いで知られていた。特にリッチーは、レインボーを結成した当時から取材を試みるも、ロンドンのポリドールからはノーの返事をもらうばかりだった。

しかし78年、前述のようにジェフ・ベックの独占取材が実現し、自宅を訪問するという素晴らしい機会を得られた。あの出来事は長かったロンドン生活の中でも、永住権取得、シャーデーとの出会いに次ぐ素晴らしい想い出だ。

そのベック取材時に、偶然にも遊びに来ていたのがドラマーのコージー・パウエルだ。その彼がリッチーと会うきっかけを与えてくれた。当時、コージーはすでにレインボーの中核メンバーとして大活躍しており、76年の初来日公演の話で盛り上がったものだ。帰りがけに電話番号をメモ帳に書いてくれ、彼にリッチーへの取材を相談したことからマネージメントにつながり、市内のとあるホテルのバーで特別にアレンジしてくれた。

指定された時間にホテルへ行くと、リッチーはすでにバーのソファーでリラックスしていた。挨拶するなり、"Can I get your drink?"と言われたので、すかさず"pint Guinness, please（ギネス・ビールをパイント・グラスで）"とお願いした。彼はシーバス・リーガルのコーラ割りを注文し、日本語で"カンパイ"と言ってくれた。リッチーはディープ・パープル時代からたびたび日本を訪れているし、それに"カンパリに発音が似ているから覚えやすい"とのことだった。

イギリスの高い税金から逃れるため、ニューヨーク・ロングアイランドにあるハンティングトンに住んでいるというリッチーは、マンハッタンの喧騒から離れ、緑豊かな郊外の住居がとっても気に入っていると語った。たまに近所に住むミック・テイラーやビリー・ジョエルらとクラブに集まり、ビートルズ・ナンバーやロックンロールのセッションを楽しむという。"ディープ・パープル時代は精神

的にかなり悪い環境の中にいた。ツアーと録音をくり返す多忙な日々、ジャズ／ロック／クラシック／ファンクが入り乱れるばらばらな方向性、メンバー各自のエゴなど散々だったよ"。それで結局、自身も肝臓を痛めて脱退する結果になった。

"だから、レインボーを結成してからは、マネージメントと「アルバムは年に1枚、ステージは週に2〜4回」と決めたよ。ツアー中はメンバーとは同じホテルに泊まらず、ひとりで「stately home（中世の歴史的価値のある邸宅）」に滞在し、好きなクラシック音楽を聴いたり、散歩してお城を見物したりするよ"。

話を聞くうちに、話題は思わぬ方向に進んでいく。滞在したあの邸宅に住んでいたら自分は一体どうなっていただろう……などとつぶやき始め、"あそこに滞在したおかげで、嫌いな奴もなぜか好きになれたんだ"とか、"そこにはサイキック（心霊）が絡んでいて、俺はサイキック・リサーチが趣味なんだ"とか、難しい話を延々と語りだした。ちなみに、この時すでにスコッチ＆コークは4杯目に！これはまずいと思い、彼が愛用するギターの話題に変えることにした。

"ステージで使っているのはフェンダー・ストラトキャスター3本（ホワイト・カラー2本、スペアのサンバースト・カラーが1本）だ。ストラトキャスターは76年頃に分かれ目があってね、76年以降のフェンダーのネックは好きじゃない。ニューヨークの西48丁目にあるギター・ショップ「マニーズ」に行って100本近くあった全在庫をチェックさせてもらったけど、フィットするものは1本もなかったよ"。

そんなストラトキャスターをステージで叩き壊す理由について尋ねると、学生時代に教師から受けたという虐待の経験、「ブラックモア」という自分の苗字に関することなどをアレコレ話し始め、また長い話になってしまった。お酒が回ってきたせいでもあるのだろう。

リッチーがステージで見せるあの破壊行為には、彼に根付く深いコンプレックスと、趣味であるサイキック・リサーチなどが複雑に絡んでいるのかもしれない。

愛器ブラッキーをぶら下げ、一服するエリック・クラプトン。
31st July 1976. Crystal Palace Park, Sydenham.

エリック・クラプトンが真にリラックスした瞬間

　英国を代表する三大ギタリスト、ジェフ・ベックの自宅取材をしたのが78年9月18日、そして今回登場するエリック・クラプトンは翌79年10月3日のこと。彼が所属するRSOレコーズで会えることとなった。

　大のインタビュー嫌いとして知られる彼がOKしたのは、4度目となる日本公演を控えた時のことだった。メディア対応としては初めての東欧諸国（ポーランド、ユーゴスラビア）と香港公演に向けてのプロモーション、とのこと。エリックはその頃、バンド編成をイギリス人に総入れ替えし、念入りなリハーサルを重ねている最中で、9月30日にイギリス中部ヘンリーのヴィクトリア・ホールで唯一のコンサートをやることになっていた。それを知り、私はローカル鉄道に乗っていざ会場へ。まずはこの時のエピソードをお伝えしようと思う。

　会場に着き、私はツアー・マネージャーからパスを受け取った。その際、"機材撮影をしたいので許可をお願いします"と尋ねると、"サウンド・チェックも終わり、メンバーはホテルに戻っているの

で問題ないからステージ担当と相談してやってくれ"と言われた。

　私はステージに上がり、まずドラムとキーボードから撮影をスタート。やがて、エリックが愛用した黒いストラトキャスター、ブラッキーとご対面した。ギター・テクニシャンが"Beautiful, isn't it?"と言いながらスタンドをはずし、私に持たせてくれた。そこまでは順調だったのだが、ちょうどその時、エリックのマネージャーで業界のドンと言われる敏腕、ロジャー・フォレストが運悪く登場。ロジャーはすかさず私に、"機材撮影のことなど聞いていないぞ。ただちにこの場から撤収するように"と言ってきた。結局機材は撮れず、通常どおりステージの撮影は最初の3曲のみで、あとはバルコニーから新メンバーの演奏を見届けることとなった。

　そのライブで私の目に焼きついたのは、真にリラックスしたエリックの姿だった。私は76年7月にクリスタル・パレスでの野外コンサートを初めて取材して以来、77年4月にはロンドン・ハマースミス・オデオン、78年7月にはブラックブッシュ（飛行場跡地）でのボブ・ディランとの共演などいくつかライブは観てきたが、常

クリスタル・パレスのバック・ステージにて。右端にいるのがエリック。左耳に煙草をひっかけている。
31st July 1976. Crystal Palace Park, Sydenham.

にバック・ミュージシャンはアメリカ人が務めていた。

　やはり英国人同士で出す音に心も通うのだろうか。ギターのアルバート・リーは70年にヘッズ・ハンズ&フィートを結成したカントリー・ロック一途の職人。ベースのデイヴ・マーキーは元アニマルズのアラン・プライスと活動、キーボードのクリス・ステイントンはジョー・コッカー（2014年12月に死去）で、ドラムスのヘンリー・スピネッティはポール・マッカートニーで……と、実に強力な面子だった。

　そして数日後のインタビュー当日。私は本人に、過去3年間、観た中で一番リラックスしていて素晴らしかったと伝えた。するとエリックは気を良くしてか、インタビュー時間を約束の30分から1時間にまで延長してくれた。

　会話の中で特に響いたのは、9月にやったプロコル・ハルムのゲイリー・ブルッカー（vo,k）が経営するパブでのパーティのことを問うた時。私は友人のクリス・トーマスからその話を聞いていたのだ。エリックはとたんに喜び、"この数日間、毎回同じ質問のくり返しで、薬物中毒だのアルコール依存だのムカつくことばかりだった。けどトシは違うね"と言ってくれた。ちなみにそのパーティは、夜の10時過ぎから朝の5時くらいまで延々と続いたらしく、コースターズからボ・ディドリー、チャック・ベリーまで、ゲイリーがイントロを弾き出せばすかさずエリックがフォローし、60曲以上もやったそうだ。

　かの有名な"ブラッキー"についても聞くと、"ナッシュビルで買った2本のストラトキャスターのボディとネックをひとつにしたもので、2本とも50年代後期らしいよ。ストラトキャスターが好きな理由は、タフで酷使しない限りチューニングが狂いにくいし、クリアなトーンが得られるからだ。逆にレス・ポールはシック（厚み）のあるサウンドを得るには適しているよね"と答えた。

177

COLUMN

シャーデーとの甘美なひと時──トリニダード・トバゴにて

　私は1984年、シャーデーのオフィシャル・フォトグラファーになった。彼女やバンド・メンバー、マネージャーたちと各国を回り、一緒に行動した日々は、私の人生にとってかけがえのない思い出だ。シャーデーは妻の茂代とも打ち解け、家族ぐるみで仲良くさせてもらった。

　思えば、彼女と最初に会ったのもどこか運命的だった。それは『an・an』などの雑誌に掲載するため、おしゃれな人たちをスナップしにロンドン・ソホーのクラブ"Wag"へ行った時のこと。美しい黒人系女性を見かけ、写真を撮ってもいいか？ と声をかけたのが、デビューしたてのシャーデーだった。

　彼女とのエピソードは、クイーンやポール・マッカートニーらが出た"ライヴ・エイド"に出演した時のことだとか、日本のテレビ番組『オールナイトフジ』に出る際に揉めた話だとか、山のようにある。本稿では、1986年、トリニダード・トバゴでのバカンスで起こった出来事を書きたいと思う。

　『Promise』のリリース後、彼女は親しい友人を連れてトリニダード・トバゴへ旅立った。私も彼女に誘われ、数日遅れで現地へ到着。海から近いプール付きのホテルという絶好のロケーションで、私たちは自由に過ごした。誰かの部屋で好きな音楽を聴き、食事をし、素敵な会話で楽しんだ。

　ある日の午後。私はシャーデーに呼ばれて部屋へ遊びに行った。私の妻のこと、最近の音楽シーンのこと、いろんな雑談をした。途中、彼女がカセット・テープで音楽を流し始める。パット・メセニー・グループの『Offramp』だ。「Are You Going With Me?」が流れた時のあの極上のムード、陶酔感、あれは何物にも代えがたいもので、ふたりして何度もリピートした。私はふと、脇に置いていたカメラを構え、彼女にレンズを向ける。そこから自然と撮影タイムが始まった。

　最高のBGM、そして異国のトリップ感。これ以上ないムードがそうさせたのだろう。シャーデーは服を脱ぎ捨てた。冗談で"Toshi...."なんて言いながら、セクシーな表情でカメラに寄ってくる。一瞬我に返り、ベッドのシーツ1枚をまとったものの、ほとんど裸の状態で撮影は続いた。

　夢中でシャッターを切るうち、気づいたら日は暮れ始めていた。そして、赤い夕陽が窓からパーッと差し込み、彼女のきれいなシルエットがくっきりと浮かぶ。あまりにも美しいあの光景は、今でも鮮明に覚えている。

　この夢の時間は、バンドのキーボーディスト、アンドリューが部屋に入ってきたことで幕を閉じた。後日、撮影したフィルムはすべてシャーデーに渡し、私の"記憶"の中だけに留めておくと伝えた。

雑誌『THE FACE』1985年11月号。トリニダード・トバゴのバカンス中に撮った1枚だ。
ほとんどノー・メイクの自然な彼女を自然光でとらえた。

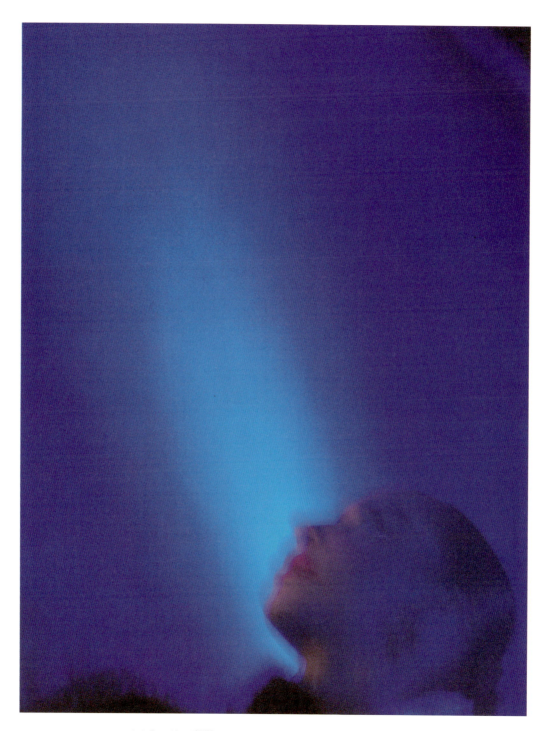

クラブ・ヘヴンで撮影。 *November 1983. Club Heaven, Charing Cross, SW1.*

ポートベロ・ホテルにて。XTCのTシャツを着ているのが印象的なイギー・ポップ。

13th June 1979. The Portobello Hotel, Notting Hill W11.

イギー・ポップの雄弁なる日本食トーク

　1979年6月13日。ロンドンはノッティングヒル・ゲートにあるポートベロ・ホテルにて。私はイギー・ポップのもとを訪ねた。このホテルの存在を教えてくれたのは加藤和彦さんで、72年に加藤さんの薦めで初めてロンドンに行った際、渡されたリストに記されていた。そこは当時からブティック・ホテルとしてファッション、音楽業界などのセレブたちが集う場所でもあった。

　イギーに関しては、69年頃に『The Stooges』、『Fun House』の輸入盤を銀座のヤマハで見かけたものの、買うことはなかった。しかしロンドンに移住してから、パンク・シーンが浮上する中、取材で会うグループのほとんどがイギーからの影響を口にする。特にダムドやセックス・ピストルズは、『Raw Power』(73年)に衝撃を受けたという。そこで私はさっそくレコードを入手し、イギーが英国パンクスたちの手本になったすごい人なんだと納得。過激かつエナジーに満ちたその音楽に驚かされた。さらに、この時点ですでにデヴィッド・ボウイがプロダクションに関わっていたと聞けばなおさらのことだった。

　さて、取材部屋に入ると、昨夜飲んだらしきコルドン・ブルーのシャンパン・ボトルが数本、テーブルに置かれていた。イギーがしゃべり出す。

　"久々にスシを食べに行ってね、気分が乗ったついでに部屋で曲作りに没頭して飲んでいたんだ。けどno hang overだよ（二日酔いではないの意）"。

　当時から市内には十数軒ほどの日本料理店があったので、場所を聞くと"ここから歩いて行けるケンジントン・ヒルトン・ホテル内にある「Hiroko」だよ。味はまぁまぁだったね。俺のお気に入りは、EMIレコーズの近くでジョージ・ストリートにある「Mikado」だ。寿司シェフがツトム・ヤマシタ（前衛パーカッショニスト）の知人らしいが、味は抜群さ。昨夜はそこが休みだったから、近場のHirokoにしたんだよ"とのこと。

　私がすかさず "EMIの裏手にあるブランドフォード・ストリートで、知人が日本食店「Defune」を経営しているんだ。イギーはデヴィッド・ボウイとランチでDefuneに来たと聞いたけど、どう

だった?"と聞くと、"寿司はおいしかったけど、どうも狭すぎるね。でもあそこはプロデューサーのクリス・トーマスのお気に入りらしく、ポール・マッカートニーやブライアン・フェリーらも通っているらしいよ"。

自身が日本食にこだわり出したきっかけは、"20歳頃にミッシェル・クシ、ジョージ・オザワという禅における食事療法をアメリカで提唱したふたりがいてね。彼らとの出会いをきっかけに、5年ほどそれを試みたんだ。結果8キロも痩せたよ。以来日本食はできる限り食べるようにしているんだが、ツアーに出るとレストランでしか食べることができない。それで各地にある日本食レストランに足を運ぶんだけど、アメリカに比べると高いね。それがネックさ"。

そろそろ音楽の話題をと、今回のツアーで元セックス・ピストルズのグレン・マトロック（b）を起用したことについて聞くと"グレンはリッチ・キッズの時から何度も観ていてよく知っていた。電話でまず、長期のツアー参加が可能か尋ねたらOKの返事をもら

えてね。俺はオーディションなんてやらないんだ。で、俺はリハーサルの当日まで彼に一度も会わなかったんだよ。互いのギミックをなくすためにね。まぁ結局、本番のツアー中、グレンとは喧嘩ばかりしていたけど、それは互いを信頼しているからなんだ。グレンには次作も参加してもらうよ"。

イギーはその時期、ボウイの薦めで3年ほど前からベルリンに住んでいたので、ドイツの印象についても話を振ってみた。

"アメリカと違ってドイツのベルリンは居心地が良いよ。刺激にもなる。特に夜の繁華街はね。僕のアルバム『The Idiot』（77年）と『Lust For Life』（同年）はボウイのプロデュースのもと、ベルリンのハンザ・スタジオでやったんだけど、そこは通称「Hansa by the Wall」って言われていてね。窓を開けると、ベルリンの壁が目の前にあって、そんな雰囲気でのレコーディングはほかでは味わえないものだったよ"。

そんな話をイギーとした翌80年、私は奇しくも一風堂のレコーディングでベルリンのハンザ・スタジオに行くことになる。

183

ソロ・アルバム『God Save The Queen/Under Heavy Manners』試聴会用のテープ・デッキに手をかざすロバート・フリップ。
25th April 1979. Polydor Records.

ロバート・フリップが放った沈黙の空気

"ロバート・フリップは自他ともに認める典型的なTaurus（牡牛座）の人だった"。

まだ私が日本にいた1973年、ロバート・フリップ＆ブライアン・イーノ名義で発表したアルバム『No Pussyfooting』の英国盤が入荷したとの知らせを受け、行きつけの輸入盤専門店"メロディ・ハウス"（原宿の竹下通りにあった小さなレコード屋）に向かった。手に入れたその足で、トノバンこと加藤和彦さんが住む白金の自宅へ直行した。

この頃、毎月2〜3回はメロディ・ハウスの店長の計らいでイギリスの最新シングル盤を航空便で取り寄せていて、トノバンとよく試聴会をやっていた。料理上手な彼のモテナシとともに毎回盛り上がったものだ。ちなみにこの日のメニューは削節から取った出汁で作ったきしめんだった。

1975年、私はロンドンに移住。5月にはクリス・トーマスの誘いで老舗の劇場、ロンドン・パラディウムでラッキーにもフリップ＆イーノのライブを観ることができた。ステージの中央にはひとつの椅子、その横に2台のRevoxのオープン・リール・テープ・デッキ、そしてイーノのシンセサイザーが置かれていた。バック・スクリーンには奇妙なパターンの映像が写し出されていて、沈黙の中、突然左右からふたりが登場した。

フリップは黒いレス・ポールを抱えて椅子に座り、演奏開始。クリスが横で"あのデッキは「フリッパートロニクス」と言って、ミニマルなコードをエコー・テープでループさせるものだ"と説明してくれた。映像の効果もあって私は聴き入ってしまい、前半の30分が終了。無言でふたりは左右に消え、やがて後半の40分ほどをプレイした。観客は拍手でアンコールを求めたが、彼らは戻ってこなかった。

時は過ぎて1979年4月、フリップの初となるソロ・アルバム『God Save The Queen/Under Heavy Manners』のプロモーション・イベントで本人に会える機会を得た。"Music for office"と題され、会場はEGレコードの配給元だったポリドール・レコード・ロンドンのオフィスだった。そこには例のフリッパートロニクスが置かれ、さらにお酒とスナックも用意されていた。

フリップが登場するまで、会場はジャーナリスト同士でお酒を

飲んだりして賑やかな空気だった。が、フリップが現われると、機材の確認をし、椅子に座って数分間無言のまま。まるで始業前の教壇にいる先生のようにも見えた。一瞬、沈黙の空気になったところで演奏が始まり、本人の解説を交えて20分ほどのデモ演奏が行なわれた。私には圧巻だったが、まわりの反応は理解に苦しむといった雰囲気だった。

　数日後、同じオフィスで私はフリップと再会し、話を聞くことができた。今回のソロ・プロジェクトのテーマを"The drive to 1981"と銘打ち、1978年の夏から3年間で3作品のリリースを計画していると語った。今回の『God Save the Queen/Under Heavy Manners』ではまず、ポリドールのオフィスを使った"Music for office"、ロンドンのノッティング・ヒル・ゲイトにあるピザ・エクスプレス（レストラン）でやる"Music for restaurant"、オックスフォード・ストリートのヴァージン・レコード・ストアでの"Music for record store"などでデモンストレーションをし、同じことをアメリカ、パリ、東京などでやるとのことだった。

　"この活動は私のアンチ・ツアーの一環である。74年にキング・

クリムゾンが解散した時はもうコンサート活動に疲れ、ロック・ミュージック自体にも飽き飽きしていた。たくさんの観客の前でやっても彼らは受け身になるだけで、私たちの音楽に対して向かってくるものがなくなっていた。これがコンサートをやめた理由だ。250人くらいの聴衆の前でやるのが最もフレンドリーかつ人間的だ"とフリップは語った。77年以来、ニューヨークを拠点に生活していたフリップは、英国のドーセットに住んでいた時の12倍ものスピード感を手に入れ、どの国に行っても対応できるマインドに変わってきたという。

　自身の性格については"ソリッド（堅実）かつスローだけど、着実なタイプの人間だ。イギリスの諺「Slow and steady wins the race」（ゆっくり着実に進む主義が勝負に勝つ）のように。私は1946年5月16日生まれの牡牛座だ。イーノも同じ牡牛座で、EGオフィスの社員も約60％は牡牛座。ビル・ブラッフォード（d）、エディ・ジョブソン（k）、それに社長のマーク・フェンウイックまでね"。ちなみにフリップがゲスト参加したトーキング・ヘッズのデヴィッド・バーンも牡牛座だ。

77年の年末、ブライトンにあるロジャー・ディーンのアトリエを訪ねた。
彼が描いた幻想絵画作品とともに。
16th December 1977, Brighton.

イエスで著名な幻想画家、ロジャー・ディーンの仕事場

ロジャー・ディーンと聞いてピンと来るのは、まずは団塊世代の英国プログレッシブ・ロック好きの人たちだろう。昭和後期〜平成生まれの人たちには、イエスの一連のアルバム・カバー、中でも『Fragile（邦題：こわれもの）』や『Close To The Edge（邦題：危機）』のイラストを描いた人、と言えばお分かりになるかもしれない。

1977年12月16日、彼の自宅兼制作スタジオを訪れた。場所は英国南東部に位置する海浜リゾート地、ブライトン。ロンドンのビクトリア駅からBR（British Rail。英国鉄道のこと）で50分ほどのところだ。当時、ロンドンではザ・ジャムがデビューしてモッズ・リバイバルが巻き起こっていたこともあり、週末のブライトンは各地からファッション・シンボルのモッズ・パーカーを着た若者とスクーターが集まる場所であった。また、79年に公開された映画『さらば青春の光』のロケ地としても知られる。

自宅に入ると応接間に通され、まず驚いたのがロジャーがデザイン／制作したモデル都市の模型たちだ。未来の都市デザインに真剣に取り組む姿を垣間見た。ではまずその経歴から聞いてみよう。

"僕は1944年8月31日、20時30分にケント州アシュフォードで生まれたと教えられたよ。父はイギリス陸軍の技術者、母はカンタベリー美術学校で服飾デザインを専攻した人でね。その影響で小さい頃から絵や工作が好きだった。父の仕事の関係で幼少期はギリシャ、キプロス（英語ではサイプロスと発音）、香港を転々とし、15歳の時に英国へ戻ったよ。これまで育った地の建物や文化から影響されたこともあり、アート・スクールへ進む決心をしてね。17歳の時、母と同じカンタベリー美術学校に入って工業デザインを3年間学んだよ。その後、Royal College of Art（王立美術大学。通称RCA）でデヴィッド・パイに師事し、家具デザインを勉強したね"。

RCAはハイド・パークのケンジントン・ガーデンズ（チャールズ皇太子とダイアナ妃の住居で知られる）の目の前にあり、となりにはクラシックとロックの殿堂、ロイヤル・アルバート・ホー

ルがある最高の立地だ。そういえば、当時デビューしたてのバンド、ウルトラヴォックスに会った際、ジョン・フォックス（vo）もRCA出身と言っていたのをふと思い出す。数々の著名人を輩出しており、ロジャー曰く"日本で著名なR.C.A.の卒業生といったら、ヘンリー・ムーア（彫刻家）やリドリー・スコット（映画監督）、デヴィッド・ホックニー（画家）あたりかな"。

話を戻し、イエスのアートワークについて。

"70年にロンドンで開かれた「生活デザイン展」に出品したのがきっかけで、71年にOsibisa（イギリスのアフロ・ロック・バンド）のデビュー・アルバムのカバーをやったんだ。それからイエスの『Fragile』を含む6作品を担当したね。その間にはサード・イアー・バンド、ベーブ・ルース、ユーライア・ヒープ、ジェントル・ジャイアント、バジャーなども手がけたよ。その間、大学で建築デザインに関する講演もやったりしていたけど、72年初めにこのブライトンに移り、フィルム製作や本の出版をするための会社『ドラゴンズ・ドリーム』を設立したよ"。

ロジャーのアートワークは独特なものだが、日本美術からの影響もあるそうで、"73年にイエスの日本公演に同行する機会を得、東京では浮世絵を収集した。あと、尊敬する横尾忠則の本を買い漁ったよ"と。また、日本の建築については"現代建築は西洋化されすぎていて、同じレベルにしか見えない。その反面、京都にある寺院や建物などの伝統的建築は素晴らしいよ。西洋建築とは違う、細部まで表現されているよね"と賛辞を送った。

制作期間はどれぐらいかかるのだろうか？ 素直な疑問をぶつけてみた。

"大体、12〜18時間ってところかな。今までで一番時間がかかったのはイエスの『リレイヤー』（74年）で、約400時間費やしたよ。イエスのアートワーク制作方法はふたつあってね、ひとつはまず自分でモデルを作り、それをもとに描いていく。もうひとつは、配色したバックに各部分の切り抜きを上から重ねていき、それをプリントして1枚にまとめる方法だよ。そういった過程を一冊の本にしたのが僕の著作『Views』なんだ"。

CROSSTALK

トシ矢嶋 × 小山田圭吾

本書の特別対談として、小山田圭吾（コーネリアス）に登場願おう。
ふたりは90年代、小山田主宰のトラットリア・レコーズ内で仕事をし、
ロンドンの自宅へ小山田が訪ねたこともあるようだ。
数年ぶりの再会ということで、大いに語ってもらおう。

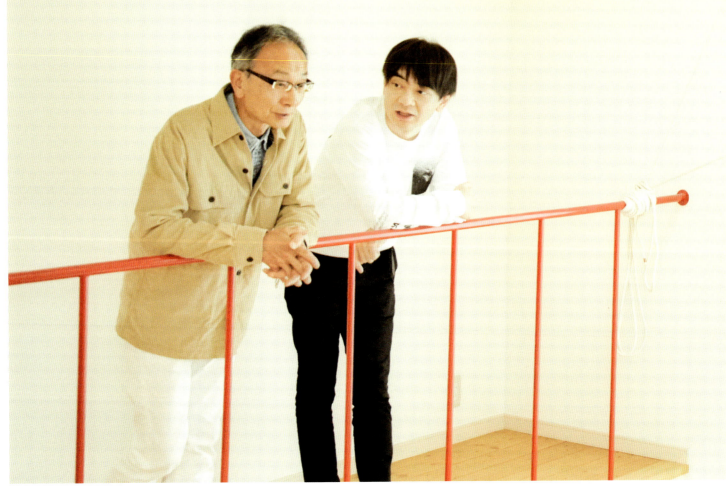

小山田くんの曲に救われた時期があったんです。──トシ矢嶋

ふたりの馴れ初めと
ロンドン交友録

──おふたりが出会ったきっかけは？

トシ 小山田くんがトラットリアを立ち上げた時かな。92年だと思う。僕はこの頃、写真はほぼ辞めちゃってたんですよ。作品のライセンス権とかプロデュースの仕事が中心になっていた。それで、アシッド・ジャズ・レーベルのライセンス権を日本でやりたくて、"じゃあ小山田圭吾のトラットリアの中でやったらどうですか？"って話を、確か牧村憲一（音楽プロデューサー）さんと櫻木景（現フェリシティ・レーベル、元トラットリア）くんからもらった。それで東京で会ったのかな？

小山田 そうですね。それで、トラットリア・レコーズの中に"MO'MUSIC"っていうトシさんのレーベルができて。そこでブランニュー・ヘヴィーズほかのアシッド・ジャズ作品とか、いろんなコンピ盤をトシさんはプロデュースしてました。当時は住んでる場所も日本とロンドンで離れてるし、僕らは個別に仕事をしていたから、トシさんと一緒に何かを作った、みたいなのは実はあんまりないんですけど。かまやつさんの『Gauloise』のプロデュースもトシさんはしてましたね。

トシ かまやつさんね。あれは大変だった（笑）。ロンドンに来ても曲が1/3ぐらいしかできてなくてね。でも、最終的にトラットリアから出せてよかったなと思う。普通のインディーから出してたらホントにパッとしないものになったかもしれない。

やっぱり小山田くんの力はすごいなって思った。

小山田 とんでもないです。

トシ それで、小山田くんと知り合ってから、ロンドンの家に遊びに来てくれたことがあったね。

小山田 行きましたね。93年ぐらいだったかな。ロンドンへ遊びに行ったんですよ。とにかくレコードを買うのが好きで、レコード好きの日枝（広道）っていう友達と、DJの瀧見憲司さんと一緒にロンドンへ行った。そしたら日枝が"トシさんの家に行こう"って。偶然、トシさんは日枝と知り合いだったんですよね？

トシ うん。彼がまだ学生だった頃、僕の東京でのアシスタントをやってくれてた時期があったの。僕の家には当時、いろんな人が遊びに来てくれたな。小山田くんもそうだし、シャーデー、スウィング・アウト・シスターのコリーン（ドリュリー。シャーデーとは美術大学の同級生）も来たし、あとポール・ウェラーとミック・タルボットが家に来たこともあった。

小山田 えっ、ポール・ウェラー！ 僕が行った時、トシさんってポートベロに住んでましたよね？ ポール・ウェラーって近所だったんですか？

トシ そう、近所のホーランド・パークに住んでた。ある日、僕が買い物を済ませて帰り道を歩いてたら、突然通りがかったミニ・クーパーからクラクションが鳴って。誰かな？ と思ったらポール・ウェラーだった、ってこともあったよ。小さい子供を乗っけてて。

小山田 へぇ～。トシさんってポール・ウェラー

はたくさん撮ってますよね。

トシ 彼はシャーデーに次いでたくさん撮ったね。男のミュージシャンの中で一番関わりも深かった。何しろ、写真以外のこともやったから。スタイル・カウンシルを解散してソロになった時、"日本の窓口をやってくれないか。でもメジャーは嫌だ"と頼まれたりして。で、ポニーキャニオンから出したんだよね。

小山田 あれ、やっぱトシさんだったんだ。ポール・ウェラーのソロ・アルバムってポニーキャニオンの日本盤しか出てなかったですよね。ポールって、来日公演するたびにその時のことをMCで言いますよ。"ソロになった時、日本には本当に助けられたんだ"って。

トシ そう言われると、頑張った甲斐があります。一度、日本でシークレット・ギグをやったんだよね？ 僕はロンドンにいたから観てないんだけど。

小山田 それ、俺観に行きましたよ。けっこう最前で観てた（笑）。

トシ すごいね（笑）。

小山田 ポール・ウェラーはザ・ジャム時代から撮ってますよね？（ライブ写真を見る）わ～、カッコいい（笑）。

トシ ジャムの初期の頃はね、全然素直じゃなかったのよ。彼らも若かったし、日本人を見るのも初めてみたいな感じだったから。でも僕はジャムの音楽に対する姿勢が好きで、何度もライブを観に行った。で、ポールの親父（ジョン・ウェラー。ジャムのマネージャー）と交渉して楽屋に挨

僕は直接的にも間接的にも、トシさんから大きな影響を受けた。── 小山田圭吾

トシさんは、当時のロンドン・カルチャーを
日本に届ける大元みたいな存在。——小山田圭吾

拶へ行って。"また来たよ、コイツ"みたいな感じで（笑）。そんな風に関係を深めていったんです。

**トシ矢嶋が届けた
ロンドン情報の数々**

——小山田さんは初めて会う前からトシさんの写真は知っていたんですか？

小山田 知ってました。昔、『プレイヤー』に載ってましたよね？ 80年代の『プレイヤー』って写真がすごくカッコよかったんですよ。グラフィックもすごく良かった。

トシ うん。当時の編集長の河島彰さんが変わった人で、僕の写真を気に入って使ってくれてね。通信社で手に入れられないような、オフショット的なものも僕は撮ってたから。

小山田 あと、『POPEYE』でも連載やってましたよね。

トシ "Get Smart London"って連載で、巻頭のモノクロ・ページを持ってね。そんな大きくないコーナーなのに、あれ、小山田くん見てくれてたんだ。

小山田 見てましたよ。まだネットがない当時は、ロンドンの一番新しい情報はトシさんから入ってくるって感じでしたから。雑誌だけじゃなくて、高橋幸宏さんとか坂本龍一さんのラジオからも情報を発信してましたよね？ イギリスの新曲を紹介するんだけど、その選曲の元はトシさんがロンドンから送ってくるシングル盤とかテープで、その中から気に入ったものを幸宏さんと教授がかける、みたいな。で、それを皆がリスナーとして受け取る、っていう流れで（笑）。だからトシさんは、当時のロンドン・カルチャーを日本に届ける大元みたいな存在なんですよ。

トシ そうかもしれない。やっぱり、確かな情報を発信したいっていうのは僕も強く思っていた。現地にいる人が、しっかり声を大にして発信し続けていかないと、カルチャーってどこかで途切れちゃうんです。だから、幸宏がやっていた『オールナイトニッポン』のために、最新のシングル盤とかプレゼント用のグッズを毎週集めて、航空便で事前に送ってましたね。あと、幸宏の番組では国際電話を通じていろんなロンドン情報をしゃべったりもしてた。あ、そういえば、細野さんがね、80年代半ばにMIKADOっていうフランスのエレポップ・グループをプロデュースしたじゃない？ あれは僕が幸宏に送ったシングル盤がきっかけなの。

小山田 そうなんですか？ 僕買って聴いてましたよ（笑）。

トシ （笑）。ロンドンのラフトレードで買って、おもしろいなと思って幸宏に送ったの。そしたら細野さんが聴いて、"これだ"って思ったらしくて。それじゃ話進めようっていうので、MIKADOのアルバムを細野さんが手がけたんだよね。

小山田 トシさんって、単に写真家っていうところにとどまらないですよね。新しい音楽を紹介したりとか、日本のレーベルとイギリスのミュージシャンの間に入ったりとか、いろんなことをやった方なんです。で、ずっと一貫してロンドンの音楽、カルチャーを日本に届け続けている人ですよね。僕は直接的にも間接的にも、トシさんからは大きな影響を受けました。10代の頃はもうイギリスの音楽に完全にハマっていたので。

トシ ありがとう。僕もね、実は小山田くんの曲に救われた時期があったんですよ。コーネリアスの初期の曲で、「Star Fruits Surf Rider」って曲があるじゃない？

小山田 はい。

トシ 97年かな？ あの曲のメロディと歌詞が好きで、夜になると毎日のように聴いていた。とい

93年頃、小山田がロンドンの自宅を訪ねた時のショット。大量に置いてあったトシ所有レコードの中から、ラロ・シフリンの作品をチョイス。

現地にいる人が発信し続けていかないと、カルチャーって途切れてしまう。——トシ矢嶋

うのも、その1年前の96年、家内が癌で亡くなったんです。僕の中でしんどい時期だったから、あの曲にはだいぶ励まされました。
小山田 ありがとうございます。
トシ こちらこそ本当に感謝だよ（笑）。コーネリアスといえば僕はその曲が真っ先に浮かぶね。

近所にいたヴァン・モリソンのちょっとおかしな話

——おふたりの付き合いの中で、最も印象深い出来事とは？

小山田 実はこないだっていうか、2年ぐらい前でしたっけ？ 久々に会ったら朝まで飲んじゃって、あれは最高でした（笑）。トシさんから、ロンドン時代の驚愕のエピソードが次から次へと出てきて、もう延々と。あの話すごかったですね、ザ・スミスのジャケットを撮る予定だったっていうやつ。最初、トシさんがジャケットを撮る予定だったのに、当日モリッシーにすっぽかされて、キャンセルになったっていう（笑）。
トシ そう、ダメになっちゃったんだよね。
小山田 あと、ヴァン・モリソンがトシさんの家の近くに住んでた話もおもしろいですよ。
トシ あぁ〜（笑）。僕は休みの日になると、必ず車を掃除するんです。で、掃除中にしゃがんでる時にいっつもね、トントンって肩をたたいてくる人がいてね。フッと見たら、ヴァン・モリソンなんですよ（笑）。"あれ、ヴァン・モリソンだ"って言うと、"No, No"って言うの。しかも毎回（笑）。"そんなことよりも、君は日本人かね？"なんてはぐらかすから、"日本はあなたの来日をずっと待ってますよ。でも聞いた話によると、大の飛行機嫌いらしいですね？"って返すと、"ふ〜ん、そうなんだ。そのヴァン・モリソンって人は"って（笑）。もう、僕は一生懸命車の掃除してるのに、延々と横に立ってるわけ。"あなたはアメリカ公演もしてるから、プラス数時間ほど我慢すれば日本まで行けるじゃないですか"って僕が言ったら、"そうか、じゃあヴァン・モリソンって人に会えたら話してみて"って。"だからここに今いるじゃないですか！"って（笑）。おかしかったですね。そしたら、"君は毎回車の掃除をしているが、ロンドンの天気予報ほど信用できないものはない。すぐに雨が降るからやめな"とか言って去っていくわけ。で、それから1ヵ月くらい経って、僕が洗車してたらまた登場して、同じやり取りをくり返すんですよ。
小山田 （笑）。こんな話のオンパレードでしたね。

マリン・ガールズの写真がものすごく貴重！

——ちなみに、今回の写真集の中で小山田さんのフェイバリット・カットってありますか？

小山田 僕が個人的にうれしいのが、マリン・ガールズの写真（P18-19）なんですよ。すごくかわいらしい写真で。トレイシー・ソーンがこのバンドをやってた期間って短いし、写真を撮ってた人もほとんどいなかったと思う。
トシ ライブ会場でも、日本人はひとりもいなかったと思う。でも、すっごくかわいかったよ。学園祭観てるみたいだったけど、おもしろかった。
小山田 あと、スタイル・カウンシルの時のポール・ウェラーの写真（表紙カット）。これ、ちょうどスタカンの1st『Cafe Bleu』が出る前ですよね。きっと「Speak Like a Child」の頃かな？ 髪型とか見るとたぶんそうだと思う。
トシ すごいね（笑）。これ、撮ったのが83年の9月だから、まさに正解。
小山田 これよく見ると、ジタンの煙草をちゃんと吸ってるんですよね。本当におしゃれ。お尻のポケットに入っているのは雑誌かな？ このへんもカッコいいですね。（ほかの写真を眺める）……あ、ジャパンの写真もあるんだ。あ！ スクリッティ・ポリッティのグリーン（ガートサイド）も撮ってるんですね。今回の写真集って、トシさんが撮った写真はだいたい全部出すんですか？
トシ いや、もっといろんなのがあるよ。でもキリがないから（笑）。
小山田 見たい！！ 全部見たいです（笑）。

SOUNDTRACK of This Photobook

この本のお供に聴いてほしい14の名盤

『Free』
フリー
Island Records／1969年

英国盤を聴いて高まった渡英の思い

フリーの1stは銀座のヤマハでアメリカ盤を購入した。当時の価格で2,000円くらいで、イギリスのオリジナル盤見開きジャケットで3,000円と高く、断念。しかし翌年、スーパー"ユアーズ"でバイトしていた時になぜか本作の英国盤があり、閉店時にかける「蛍の光」の横に置かれていた。アンディーの図太いベースが全面に響き渡るイギリス盤は最高で、ますます英国への感情が高まった。

『Electric Warrior』
T.レックス
Fly Records／1971年

初めてロンドンへ行った72年に購入

初めてロンドンに行った1972年に、地下鉄ボンド・ストリート駅真上にある大型レコード店、HMVで購入。デザインはヒプノシス、レーベルのイラストはロジャー・ディーンだ。ポスターが付き、内袋にはボランとフィンのイラストがあった。サウンドはタイトルどおりエレクトリックだが、タートルズのメンバーがバック・ヴォーカルに参加したことが吉と出、ボラン・ブギー全快のアルバム。

『From Left to Right』
ビル・エヴァンス
MGM／1970年

ピアノ＋ローズの画期的作品

ロンドンのトップ・クラブDJ、ジャイルス・ピーターソンが88年頃にプレゼントしてくれたアルバム。エヴァンスが通常のピアノに加え、フェンダー・ローズも弾いて作った画期的な作品だ。双方のピアノの音色で楽しめる、彼なりのジャズだと思う。ルイス・エサ（アントニオ・カルロス・ジョビンと並ぶサンバ／ボサノバの巨匠）作の「The Dolphin」はエヴァンスの"静"のイメージとは違う"動"のムード。

『Baltimore』
ニーナ・シモン
CTI／1978年

シャーデーの部屋で流れてきた名作

シャーデーとの仕事で自宅にお邪魔するたびに、彼女が選んだレコードをBGMに打ち合わせをするのが常だった。ある日、軽快なタニア・マリアの『Come with Me』のあとに聴かせてくれたのがこのニーナ・シモンだ。全面に出ているエリック・ゲイルのレゲエ調ギターが素晴らしい。このアルバムに加えてシャーデーが薦めてくれたのが、RCA時代の『Here Comes The Sun』（71年）だった。

The King of Comedy
V.A.
Warner Bros／1983年

移動用バスで毎晩観た映画のサントラ

ロバート・デ・ニーロ主演映画のサントラ。84年のシャーデー全英公演に同行した時の移動用バス（ベッドやソファ、冷蔵庫などを完備）にはビデオ・システムがあり、シャーデーの一番のお気に入りがこの映画だった。そういえば85年の全米ツアーで、NY滞在中に彼女のスイート・ルームでメンバーと夕食をとっていたら、なんとデ・ニーロ本人がお誘いの電話をかけてきたことがあった。彼女は丁重に断っていた。

『Be Thankful For What You Got』
ウィリアム・ディボーン
Roxbury／1974年

シャーデーも愛するフィリー・サウンド

シャーデーがまだクラブで活動していた頃、このタイトル・ナンバーを毎回のようにカバーしており、のちに彼女がイギリス盤（チェルシー・レコーズ）のシングルをくれた時はうれしかった。このタイトル曲は90年代、イギリスではマッシヴ・アタック、アメリカではポートレイトがカバーしたことで再評価されている。ぜひとも この時代のフィリー・サウンドに触れてほしい。

『Stone Flower』
アントニオ・カルロス・ジョビン
CTI／1970年

秀逸なイージー・リスニング・ジャズ

世界中にボサノバ旋風を巻き起こした「イパネマの娘」の作曲家、アントニオ・カルロス・ジョビン。CTIレーベル時代からイージー・リスニング・ジャズを開花させた。サウンドのみならずアルバム・カバーにもこだわり、写真家ピート・ターナーの作品を見開きで全面使用。オリジナルのアナログ盤は中古店でたまに見かけるが、状態が悪いものが多いので再発のCDがオススメ。「Brazil」の別バージョンも味わいがある。

「Love Dimention」
オールドランド・モンタノ
Siren/Virgin／1987年

UKフリー・ソウル・シーンで評価

のちにミスティ・オールドランドとしてソロ活動を始め、「Got Me a Feeling」を含むアルバム『Supernatural』（94年）などが当時のUKフリー・ソウル・シーンで評価された人。諸作ある中で名盤と言えるのは、オールドランド・モンタノとしてデビューしたこのシングルに尽きる。アート・ワークをデザインしたのはマイケル・ナッシュで、ピーター・サヴィルとともに私の好きな80年代グラフィック・アーティスト。

『The Blue Path』
タリカ・ブルー
Chiaroscuro／1976年

川崎燎が参加のクロスオーバー作

NYへ武者修行に渡ったギタリスト、川崎燎が一時期参加していたタリカ・ブルー。クロスオーバー・シーンの波がうねり始めた頃、ベテラン・ミュージシャンたちの作品を発表していた新進のマイナー・レーベル、"キアロスキュロ"が路線変更で契約したグループだ。本作を紹介してくれたのは、ヤング・ディサイプルズのマルコとフェミ。燎のロック・エレメントなソロが光る「Sunshower」が素晴らしい。

『Cinnamon Flower』
ザ・チャーリー・ラウズ・バンド
Douglas／1977年

カバーを見ながらカフェオレを

本作を薦めてくれたのは、ブラン・ニュー・ヘヴィーズのヤン・キンケイド。彼らの初来日公演を渋谷のオン・エアなどでプロデュースした際、東急ハンズ近辺の中古店に連れて行ったところ、彼が"This is a bad album, you should have it!"と言ってきた。確かに内容もファンタスティックだが、私はカバーの写真が大好き。これを見ながら、大きいカップでカフェオレを飲むのが憩いのひと時だった。

『Super Bad Is Back (20 Original Hits・20 Original Stars)』
V.A.
K-TEL／1973年

レア・グルーヴ界隈でも高評価

レコード会社の枠を超えて70年代のシングル・ヒットをまとめた廉価アルバム。買う側にとってこんなお得なことはない。ジョー・サイモンから始まり、この年にチャートを賑わしたJB's、クール&ザ・ギャング、バリー・ホワイト、カーティス・メイフィールド、オージェイズなど計20曲が満載。80年代後半のヒップホップ世代からカバー・デザインが再評価され、レア・グルーヴ界隈でももてはやされた。

『East Memphis Music - The Hits From The Stax Era』
V.A.
非売品／1984年

スタックスを主軸にしたプロモ盤

シャーデーから頂いたことで印象深い作品。アメリカのイースト・メンフィス音楽出版が自社の管理楽曲をテレビ／ラジオで使用してもらうために作ったプロモーション盤だ。これは2枚組26曲入りだが、シャーデーが持っていたのは4枚組ボックス仕様で50曲以上あった。タイトルのとおりスタックスのアーティストがメインだが、アル・グリーンやアレサ・フランクリンも入っている。

『スーパー・ジェネレイション』
雪村いづみ
日本コロムビア／1974年

英国人も絶賛したグルーヴ感

70年代初頭、私の頭の中は90%が英国ポップス、残りの10%がアメリカと日本という比重だった。そのため、はっぴいえんどや山下達郎を聴かされたのは渡英後のこと。ロンドンで日本食レストランを経営していた知人の店が情報源で、この雪村いづみもよくかかっていた。キャラメル・ママが生み出すグルーヴは絶品で、英国人も足でリズムをとり、絶賛していた。私のとっておきの愛聴盤だ。

『MISSLIM』
荒井由実
東芝EMI／1974年

音楽界の横尾忠則的アート!?

『ひこうき雲』（73年）も好きだが、本作の「あなただけのもの」が一番好き。この時代のユーミンはプロデューサーに村井邦彦、そしてキャラメル・ママの演奏という布陣。偶然、いや必然のタッグが創り出した、音楽界の横尾忠則的アートかもしれない。細野さんのベースは吉田美奈子とやろうがスリー・ディグリーズとやろうが、テイ・トウワだろうが唯一無二、日本のトップ・ベース奏者だ。

INDEX

索引

A

Alex Harvey（The Sensational Alex Harvey Band）——— 109

B

Bill Bruford ——— 43
Black Sabbath ——— 166, 169
Bob Marley ——— 58, 60, 152, 155
Boy George ——— 22
Brian Ferry（Roxy Music）——— 74, 75
Brian May（Queen）——— 100, 101
Brian Setzer（Stray Cats）——— 55, 76, 160
Buzzcocks ——— 147

C

The Clash ——— 148, 151

D

David Bowie ——— 106, 107
David Byrne（Talking Heads）——— 80
Dave Vanian（The Damned）——— 144
Dexys Midnight Runners ——— 8, 9

E

Elvis Costello ——— 105
Eric Clapton ——— 174, 177

F

Freddie Mercury（Queen）——— 101

G

George Martin ——— 42
Graham Parker ——— 37
Green Gartside（Scritti Politti）——— 86

I

Iggy Pop ——— 181

J

Jaco Pastorius ——— 113
The Jam ——— 16
Japan ——— 68
Jeff Beck ——— 25, 26, 136
Johnny Rotten（Sex Pistols）——— 12, 66, 97, 98, 140

K

Kate Bush ——— 28
Keith Richards ——— 73
The Kinks ——— 108
Kraftwerk ——— 110

M

Madness ——— 51
Marianne Faithfull ——— 94
Marine Girls ——— 18, 19
Morrissey ——— 84, 85

N

Nick Lowe ——— 33

P

Paul McCartney ——— 130, 135
Paul Weller ——— 16, 34, 35, 36, 77, 102, 156, cover
Phil Lynott ——— 78
The Police ——— 64
Peter Tosh ——— 61

R

Ritchie Blackmore ——— 170
Robert Fripp ——— 90, 184
Robert Palmer ——— 79
Roger Dean ——— 188
Ron Wood ——— 32
Ronnie Lane (Small Faces, Faces) ——— 39, 40
Ronnie Lane and His Family ——— 40, back cover
Rory Gallagher ——— 38, 104

S

SADE ——— 89, 179
Sex Pistols ——— 12, 97, 98, 140
Siouxsie Sioux (Siouxsie And The Banshees) ——— 95
The Specials ——— 56
Steve Hackett (Genesis) ——— 30, 31, 44
Sting (The Police) ——— 64, 67, 103
Stray Cats ——— 160

T

Terry Hall (The Specials) ——— 62
Tracey Thorn ——— 18, 19, 87

U

U2 ——— 46

V

Van Halen ——— 169
Virna Lindt ——— 92, 93, 128

日本人アーティスト

小山田圭吾 ——— 192, 194
加藤和彦 ——— 114, 116, 118
坂本龍一 ——— 121
高橋幸宏 ——— 120, 125
プラスチックス ——— 126
福井ミカ ——— 117
細野晴臣 ——— 120, 124
安井かずみ ——— 119
矢野顕子 ——— 120, 122

あとがき

　私は70年代中期からロンドンに居を構え、四半世紀にわたって英国のロック・ミュージックや文化、慣習を発信し続けてきた。

　この道へ進むきっかけを作ってくれたのは、母だった。中学2年になる1964年の冬、音楽好きの母がFEN（Far East Network。アジアに駐留するアメリカ軍基地へのラジオ放送）の存在を教えてくれたのだ。毎日何十回もかかる洋楽曲に耳を傾けてみな、と言われ、習いたての英語で私は聴き始めた。唯一、どうにか聞き取れたのが、曲が流れたあとの"ザ・ビートルズ！"という単語だけだった。

　ビートルズは学校の友人の間でも徐々に話題になっていき、日本でもアルバム『ミート・ザ・ビートルズ』が発売。母と一緒に近所のレコード屋に行き、買ってもらった。

　それからというもの、私は毎週のように新宿紀伊国屋書店の洋書棚に立ち寄り、アメリカ経由で入荷される海外のティーン雑誌やビートルズ関連のペーパーバックを集め始める。1966年の来日公演の抽選はなんと2枚も当選し、私は驚喜した。

　がしかし、チケットの受取場所として指定された銀座の山野楽器は、平日の朝ということもあって、学生の私が取りに行くのは難しかった。そこへ救いの手を差し伸べてくれたのが、建築士である父だ。父は会社を半日休み、朝早くからわざわざ長蛇の列に並んで購入してくれたのである。こんなクレイジーな息子のために……あの時の父の優しさを、今でも忘れることはない。

　やがて私は、ビートルズはおろか、英国産ポップ・グループの完全な虜になっていく。かつてのイギリスが7つの海を制覇した時や、かの産業革命と同じように、今度は音楽とファッションで世界中の若者に影響を及ぼしたのだ。

　そうして大英帝国に憧れた結果、私は人生の3分の1近くを過ごし、夢に向かって生き進むミュージシャンやその周辺で活躍する多くの人たちと出会うことになる。とはいえ、現実は楽しいことばかりではない。言葉の壁や慣習の違いはもちろん、ビザ（滞在延長）、人種差別、日本人同士による足の引っ張り合いなど、"住めば都"とは言いがたい壁がたくさんあった。

　そんなイギリス生活で、一番つらい思いをさせたのは、1996年に癌で亡くなった妻だった。

　渡英前、青山にあった深夜営業のスーパー"ユアーズ"で働いていたある日。以前からよく買い物に来ていたモデルのマリ（吉江真理子）が、大学の同級生として一緒に連れてきた小柄な女性がのちの妻、茂代だった。彼女に猛アタックされて付き合い始め、その後結婚してロンドンを拠点とする暮らしが始まった。

　彼女は機転がきく素晴らしいところがあって、私が車にまったく興味がなく免許を取る気もないことを察知したのか、内緒で運転免許を取得してくれた。"重いカメラ機材の入ったバッグを毎回肩から下げて、市内だ地方だと駆け回るのなら、中古でもいいから車を

買おう"と言い、私の運転手を買って出てくれたのだ。おかげで移動が楽になり、仕事の範囲も広がった。

また、私とのロンドン生活で妻が楽しんでいたのは、毎週各社から届く新譜、特にデビュー間もない新人たちの音を聴くこと。音楽紙を参考にしながら、いつも聴き入っていた。それと、私のそばにずっといたから自然と影響されたのかもしれないが、私がライブ・ハウスやクラブで撮影している間、彼女は集まってくる人たちの服装をよく気にしていた。服のブランド名や、古着ならどこで購入したかを片言の英語で聞いてメモにとる姿はとても愛らしかった。

そういえば一時期、ヘアカット100のオフィシャル・フォトグラファーのひとりとして行動していた時、ニック・ヘイワード（vo,g）が背の小さい彼女のことを"mini toshi"なんて呼んでいたのが懐かしい。もちろん名前は覚えてくれていたが、彼なりの冗談だろう。

妻のセンス、言葉は私の背中をいつも押してくれた。ザ・ジャム時代のポール・ウェラーを見て"パンク・バンドの中で一番お洒落だ"と断言していたし、クラブ"Wag"でスナップしたデビュー間もないシャーデーのポジ・フィルムを見て、"この人にはスター性を感じるから、トシさん（常にこう呼ばれていた）、しっかり彼女にアタックして下さい"とお尻を叩いてくれた。

結果、私はシャーデーのオフィシャル・フォトグラファーとして約2年間、公私を共にすることができた。彼女は妻とも打ち解け、身近な友人となってくれた。

そんなシャーデーがくれたギフトとして一番うれしかったこと。それは、彼女の子供、アイラが生まれた時、ちょうど闘病治療で入院している妻を元気づけようと、赤ん坊の手と足型をファックスしてくれたことだ。彼女の優しさには、本当に感謝している。

イギリスでも日本でも同じだが、成功する前と後で態度を変える人というのは必ずいる。でも、自分がこの人だと信じて向かっていった人たち……加藤和彦さんを始め、この写真集に収められたすべての人たちに共通して言えるのは、優しさ、ではないだろうか。

この写真集の提案をしてくれ、約5年半前から月刊誌で一緒に連載をやって来た山本さん。彼の尽力なくしてこの本は完成しなかった。それから、紙質からサイズ、装丁などのワガママを聞き入れてくれたリットー・ミュージックの方々。デザイナーの山田さん。そして、素晴らしい帯のコメントを書いてくれた細野さん。感動のあまり、思わず涙してしまいました。ありがとう。

最後に、75年から80年までフィルムの管理と貸し出しのエージェント業務を引き受けてくれた弟の佳一、私の写真を最初に認めてくれた河島彰氏に心から感謝します。

そして、この写真集を手にとってくれた貴方にも。

トシ矢嶋
2019年6月10日 ──梅雨入り時の少し肌寒い東京の自宅にて──

著者略年譜

1950年 東京都に生まれる。

1968年 著名人でにぎわった深夜営業スーパーマーケット、青山"ユアーズ"で勤務。
ここで加藤和彦と知り合う。

1972年 初の渡英。

1973年 2度目の渡英。

1975年 ロンドン移住。フリーのフォト・ジャーナリストとしての活動を開始。
音楽誌『Player』への掲載をきっかけにFM情報誌でも寄稿。

1979年 講談社インターナショナルと2年間契約。
在ロンドン特派員として情報誌『ホット・ドッグ・プレス』の創刊から携わる。

1981年 坂本龍一『左うでの夢』、高橋幸宏『NEUROMANTIC』などの
コーディネイトを一部担当。

1982年 『POPEYE』、『an・an』、『BRUTUS』、『Olive』（以上マガジンハウス）、
『花椿』（資生堂）、『流行通信』（INFASパブリケーションズ）、
『宝島』（宝島社）、タワー・レコードなどへの寄稿、連載を開始。

1983年 『高橋幸宏のオールナイトニッポン』でコーナーを持つ。
国際電話を通じて最新のロンドン情報を紹介。
これから話題になるであろうアーティストの音源もいち早く発信する。

1984年 シャーデー（SADE）のオフィシャル・フォトグラファーに。

1985年 シャーデーの初来日公演を手がける。

1986年 シャーデーのジャパン・ツアーを手がけ、その後オーストラリア、
ヨーロッパ、アメリカ公演へ同行。

1987年 テレビ朝日の深夜番組『クラブ・キング』の中で
コーナー『クラブ・キング・ロンドン』を担当。
最新のロンドン・カルチャーを発信。

1990年 ロンドンにて『Making Music Ltd.,』設立。
ライセンス契約、ロンドン制作のFMラジオ番組
（東京FM、札幌ノース・ウェイブ、大阪FM802など）、パルコでの個展、
クラブクアトロでのコンサート企画／プロデュースを行なう。
来日に携わったアーティストはブラン・ニュー・ヘヴィーズ、インコグニート、J.T.Q.、
オマー、ガリアーノ、ロニー・ジョーダンなど。

1992年 小山田圭吾主宰のトラットリア・レコーズにレーベルMO'MUSICを設立。
アシッド・ジャズ関連作品やムッシュかまやつ『Gauloise』などをプロデュース。

2013年 『ギター・マガジン』（小社刊）にて『LONDON RHAPSODY』を連載。

謝辞

日本（敬称略）

下記の方々からの支えに感謝を込めて…….

朝妻一郎	久保木俊介	高木完	本根誠
秋吉満チル	桑原茂一	田代俊明	松任谷由実
麻生誠	楠本康裕	立川直樹	牧村憲一
五十嵐正	クリス・ペプラー	竹内稔	松山勲
石原左知子	久保田麻琴	谷口純弘	松山猛
石倉三郎	小杉彰	谷本智美	前むつみ
石坂敬一	小林克也	田村明洋	間瀬瑞恵
石田弘	小松正人	近田春夫	水野龍也
伊藤なつみ	近藤雅信	辻昇	南澤薫
市橋ヒデ	小西康陽	つのだひろ	南伸二
岩尾智明	後藤由多加	栗花落光	宮治淳一
宇田川近	今野雄二	デッツ松田	宮良当人
内田久美子	斉藤正明	永島達司	三好伸一
内海哲郎	斉藤久夫	中川五郎	村井邦彦
オースタン順子	坂口和樹	中村博久	村多正俊
大牟田修	坂本龍一	永井誠治	森俊一郎
岡本仁	佐藤チカ	長門芳郎	森永博志
小倉エージ	サンディー	行方均	守谷徹
小栗佳子	佐久間正英	並木豊明	安井かずみ
小律達郎	櫻井学	中西幸子	矢嶋佳一
小山田圭吾	櫻木景	野口広之	山崎真央
折田育造	佐藤輝夫	野口強	矢野顕子
岡林信康	佐藤有紀	野中規雄	山下達郎
岡田浩暉	佐山一郎	萩原裕之	山下洋
カジヒデキ	佐野元春	新田義昭	山中浩郎
糟谷隆	塩田真弘	羽賀隆	山本康一郎
加藤和彦	設楽洋	橋本徹	山本恭司
かまやつひろし	島本脩二	服部太一	山本諒
川添象郎	柴田廣次	デッツ松田	山本裕介
河島彰	柴田英里	馬場圭介	山本直史
河原賢一郎	祐真朋樹	早川泰	山本安見
柿沼万里江	鈴木裕之	林啓	山本陽平
神田朋樹	高倉健	日枝広道	山田達也
菊池武夫	高橋幸宏	肥田慶子	吉江真理子&惇
北澤孝	高橋努	ピーター・バラカン	吉成伸幸
北村泰弘	竹内まりや	福井ミカ	淀川美代子
清川仁	竹田憲司	福本政雄	渡辺亨
黒木彰一	立花ハジメ	藤原ヒロシ	ワック・ワック・リズム・バンド
黒澤喜美子	高中正義	細野晴臣	FM COCOLO

London, England. (in no paticular order)

Thanks and praises to ……

Sade Adu	Ben Watt
Stuart Matthewman	Brian Setzer
Andrew Hale	Lee Rocker
Paul Denman	Slim Jim Phantom
Sir George Martin	Tony Zemaitis
Sir Paul McCartney	Hipgnosis
Canon U.K	George Hardie
Chris Thomas	Roger Dean
Jeff Beck	Peter Saville
Ronnie Lane	Michael Nash
Van Morrison	Nellee Hooper
Adrian Sherwood &	Giles Peterson
Kishi Yamamoto	Norman Jay
(ON-U Sound)	Marco Nelson
Tony Brainsby	Femi Williams
Steve Howe	Corinne Drewery &
David Gilmour	Andrew Connell
Tony Clarke	(Swing Out Sister)
Justin Hayward	Dave Dorrell
Rory Gallagher	Martin Ditcham
Bob Marley	Jean Paul " Bluey " Maunick
Phil Lynott	Eddie Piller
Gary Moore	Kieron Hurley
Thin Lizzy	Dean Rudland
Genesis	Simon Bartholomew
Black Sabbath	Andrew Levy
Steve Hackett	Jan Kincaid
Sting	N' dea Davenport
Andy Summers	Mark Daniel
Stewart Copeland	Chrysta, Michael, Kevin
Nick Hayward	(Workshy)
Roddy Frame	Takao Miyashita
Curiosity Killed the Cat	(Defune)
Strawberry Switchblade	Michiyo Sakaida
Green Gartside	(assistant for Making Music Ltd.)
John Weller	Bono, Edge, Adam, Larry (U2)
Paul Weller	Steve Allen
Morrissey	Vanessa Quinones (Espiritu)
Tracey Thorn	

※万が一不備がありましたら、リットーミュージックまでご連絡下さい

LONDON RHAPSODY

著者 トシ矢嶋

2019年7月9日　第1版1刷 発行
2020年1月17日　第2版1刷 発行

発行人　松本大輔
編集人　篠崎賢太郎

デザイン・DTP　山田達也 (d-tribe)
撮影　星野俊 (P164-165、196-197)、山川哲矢 (P192-195)
校正　関口真一郎

担当編集　山本諒

印刷・製本　株式会社シナノ
プリンティング・ディレクター　高野広志
担当営業　高橋紘人

定価 (本体3,800円+税)
ISBN978-4-8456-3396-8

発行所　株式会社リットーミュージック
〒101-0051 東京都千代田区神田神保町一丁目105 番地
https://www.rittor-music.co.jp/

乱丁・落丁などのお問い合わせ
TEL：03-6837-5017 ／ FAX：03-6837-5023
service@rittor-music.co.jp
受付時間／10:00-12:00、13:00-17:30 (土日、祝祭日、年末年始の休業日を除く)

書店様・販売会社様からのご注文受付
リットーミュージック受注センター
TEL：048-424-2293／FAX：048-424-2299

本書の内容に関するお問い合わせ先
info@rittor-music.co.jp
本書の内容に関するご質問は、E メールのみでお受けしております。
お送りいただくメールの件名に「LONDON RHAPSODY」と記載してお送りください。
ご質問の内容によりましては、しばらく時間をいただくことがございます。
なお、電話やFAX、郵便でのご質問、本書記載内容の範囲を超えるご質問につきましては
お答えできませんので、あらかじめご了承ください。

©2019 Toshi Yajima　©2019 Rittor Music, Inc.　Printed in Japan
落丁・乱丁本はお取替えいたします。本書記事／写真の無断転載・複製は固くお断りします。
※本書は、『ギター・マガジン』での連載を一部転用しています。